아이가 주인공인 책

아이는 스스로 생각하고 매일 성장합니다.
부모가 아이를 존중하고 그 가능성을 믿을 때
새로운 문제들을 스스로 해결해 나갈 수 있습니다.

〈기적의 학습서〉는 아이가 주인공인 책입니다.
탄탄한 실력을 만드는 체계적인 학습법으로
아이의 공부 자신감을 높여 줍니다.

아이의 가능성과 꿈을 응원해 주세요.
아이가 주인공인 분위기를 만들어 주고,
작은 노력과 땀방울에 큰 박수를 보내 주세요.
〈기적의 학습서〉가 자녀 교육에 힘이 되겠습니다.

1950년 9월 15일 국군과 국제 연합군은

인천 상륙 작전 에 성공하여 서울을 되찾은

후 압록강 지역까지 진격하였으나 1951년 1월

5일 중국군 이/가 참전하여 다시 서울

이 함락되었어요. 38도선 부근에서 중국군과

서로 밀고 밀리는 전투를 계속했어요.

1953년 7월 27일 휴전선의 위치가 결정되고 포

로 문제가 해결되면서 정전협정 이

가 체결되었고, 총소리가 멈추었어요.

❷ 그렇게 생각하는 까닭

당나라가 또 배신을 할수있기때문에

그래서 고구려랑 할 것이다.

❷ 이 작전이 전쟁에 미친 영향은 무엇일까요?

인천상륙 작전으로 원래의 남한 땅과

압록강 쪽까지 남한의 땅을 먹었다.

난이도가 낮아서 모든 아이들이 쉽게 할 수 있을 것 같습니다

재이 뿐만아니라 공부에도 도움이 될것같습니다.

나는 무열왕이 원했던 삼국통일

을 일냈다 그래 기쁘고 뿌듯하다.

❶ 세금을 줄여줬다

❷ 나라의 공사가 줄었다

❸ 농사를 지을수 있다

❶ 궁예는 백성을 대하는

태도가 좋지않았다

자신의 뜻대로 되지 않으면

사형을 시켰다 도 왕건을

키우는 것만을 중요시 한다.

❷ 왕건은 백성을 위하고

재산을 나눌 줄 안다

세금을 내리고, 나라의

공사를 줄여 백성들을 ...

해주었다

우리나라의 역사를 잘 알려줍니다.

우리나라 끼리 싸우는 것기 때문에

슬프다

❶ 신라의 삼국 통일에 몇 점을 줄 것인가요? (100점 만점에) (80)점

❷ 그 까닭은 무엇인가요?

80점을 준 이유는 당과 동맹을 맺어 삼국통

일을 한것 때문이고 나머지 20점을 주지

않은 이유는 백제와 군사의 수 차이가 많이

났지만 백제에게 4번이나 졌기 때문이다.

난이도가 낮아서

누구든 할수 있을것같다

후백제는 견훤 이/가 세웠어. 이 사람은 신라에 침략해 왕을 죽이기도 했지.

후고구려는 궁예 이/가 세운 나라야. 고려를 세운 왕건도 한때 이 사람의 신하였어.

이런걸 하니보니 모르는것을 알게 되었다.

아주 재밌음 굿👍

학교에서는 역사를 복잡하게 배웠는데, 기적의 역사 논술은 간단하고 잘 이해도되게 설명이 돼어 있어서 글을 읽는데 어려움이 없었다.

[기적의 역사 논술] 샘플을 먼저 경험한 친구들

김민제(초5)	홍도경(초5)	이다현(초5)
이유나(초5)	강태웅(초5)	박홍주(초5)
조인서(초5)	홍석진(초5)	김도현(초6)
홍예성(초6)	강성윤(초6)	김태건(초6)
윤하준(초6)	이성우(초6)	홍태강(중1)

"
고맙습니다.
우리 친구들 덕분에 이 책을 잘 만들 수 있었습니다.
"

~~~ 찾아가 고려 의

학교, 집, 공공시설등등 전쟁 보다 나은 이 파괴 되어 일상 평화 생활로 빨리 돌아올수 없었다

재미있는데 공부도 되니까 좋았다

백제의 5천 군사여. 저번에도 오나라와 싸워 이겼으니 이번에도 열심히 싸우자! ❶

신라의 5만 군사여. 당과 동맹을 맺었으니 백제를 무너뜨리자! ❷

안녕? 난 **뚱**이라고 해. 2020살이야.

디자이너 비따쌤이 만들었는데, 길벗쌤이 날 딱 보더니 엉뚱한 생각을 많이 할 거 같다고

'뚱'이란 이름을 지어 줬어. (뚱뚱해서 지은 거 아니야! 화났뚱)

〈기적의 독서 논술〉에 처음 나왔었는데. 혹시 날 알까?

〈기적의 역사 논술〉에 내가 빠지면 섭섭하잖아? (나만... 그런가?) 여기서는 주로 탐험뚱, 읽는뚱, 쓰는뚱, 생각뚱,

탐구뚱, 박사뚱, 말뚱, 놀뚱, 쉴뚱, 갓뚱!의 모습으로 나와. (💩 **뚱** 아니야! 잘 봐~)

너희들 읽기도 쓰기도 하는 둥 마는 둥 할까 봐 내가 아주 걱정이 많아. 그래서 살짝뚱 도와줄 거야.

같이 해 보자고!! 뚱뚱~~

나라를 팔아먹다니,
절대 용서하지 않을 거야! 줄줄이 한국사
연표에서도 빼 버리고 싶군!

줄줄이 한국사 연표

4권 조선 2 ~ 대한 제국

최제우는 인간 존중과
인간 평등을 주장하며
동학을 창시했어.

1860

최제우, 동학 창시

1811

홍경래의 난

편찬

흥선 대원군이
전국 각지에 세운 비석으로,
서양과는 교류하지 않겠다는
의지를 널리 알렸어.

1871

**신미양요,
척화비 설치**

1873

흥선 대원군 물러남.

강화도에서 맺어진 이 조약은
최초의 근대적 조약이지만, 조선에
불리한 불평등 조약이었어.

운요호 사건 **1875**

1881

**조사 시찰단 파견,
별기군 창설**

1876

강화도 조약

대한 제국은
자주독립 국가임을
선포하노라!

깨치는
생각해
간했어.

1896

**『독립신문』 창간,
아관파천**

1897

대한 제국 수립

을미사변으로 신변의 위협을
느낀 고종이 러시아 공사관으로
몸을 피했어.

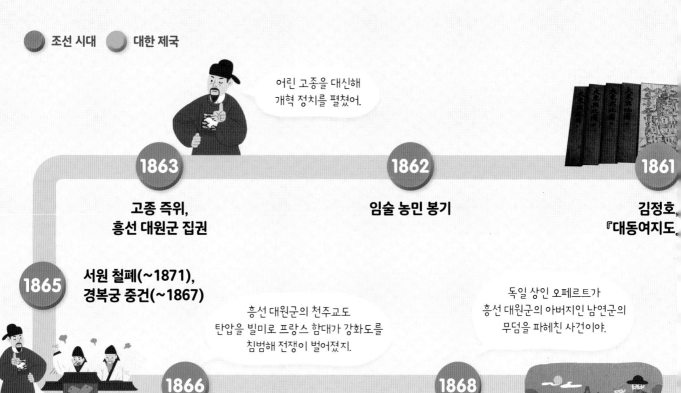

어린 고종을 대신해
개혁 정치를 펼쳤어.

1863

고종 즉위,
흥선 대원군 집권

1862

임술 농민 봉기

1861

김정호,
『대동여지도』

1865

서원 철폐(~1871),
경복궁 중건(~1867)

흥선 대원군의 천주교도
탄압을 빌미로 프랑스 함대가 강화도를
침범해 전쟁이 벌어졌지.

독일 상인 오페르트가
흥선 대원군의 아버지인 남연군의
무덤을 파헤친 사건이야.

1866

제너럴 셔먼호 사건,
병인양요

1868

오페르트 도굴 사건

급진 개화파들의 정변은
3일 만에 실패로 끝나서
3일 천하라고 해.

신식 군대인 별기군에 비해
차별 대우를 받던 구식 군인들이
분노하며 임오군란을 일으켰지.

1884

갑신정변

1882

임오군란

서재필은 백성을
일이 중요하다고
『독립신문』을 창

전봉준과 농민들은
탐관오리의 횡포와
부패한 정치에 맞서
봉기했어.

1894

동학 농민 운동,
갑오개혁

1895

삼국 간섭,
을미사변

일본은 명성 황후를
조선 침략에 방해가 된다고
생각해 시해했어.

한국사 맥락 읽기로 **초등 논술**을 완성한다

기 적 의
역사 논술

길벗스쿨

기적의 역사논술 4권

초판 1쇄 발행 2020년 7월 17일
초판 9쇄 발행 2024년 6월 10일

지은이 이정은
발행인 이종원
발행처 길벗스쿨
출판사 등록일 2006년 6월 16일
주소 서울시 마포구 월드컵로 10길 56(서교동 467-9)
대표 전화 02)332-0931 | **팩스** 02)323-0586
홈페이지 www.gilbutschool.co.kr | **이메일** gilbut@gilbut.co.kr

기획 신경아(skalion@gilbut.co.kr) | **책임 편집 및 진행** 최새롬, 서지혜, 김량희
제작 이준호, 손일순, 이진혁 | **영업마케팅** 문세연, 박선경, 박다슬 | **웹마케팅** 박달님, 이재윤, 이지수, 나혜연
영업관리 김명자, 정경화 | **독자지원** 윤정아

디자인 디자인비따 | **일러스트** 김설희, 유재영 | **전산편집** 린기획
CTP출력 및 인쇄 영림인쇄 | **제본** 영림인쇄

ISBN 979-11-6406-580-6 63910
(길벗스쿨 도서번호 10911)
정가 13,000원

독자의 1초를 아껴주는 정성 길벗출판사

길벗스쿨 | 국어학습서, 수학학습서, 유아학습서, 어학학습서, 어린이교양서, 교과서
길벗 | IT실용서, IT/일반 수험서, IT전문서, 경제실용서, 취미실용서, 건강실용서, 자녀교육서
더퀘스트 | 인문교양서, 비즈니스서
길벗이지톡 | 어학단행본, 어학수험서

기원전(BC), 기원후(AD)는 역사의 기준점이 되는 시대 구분 표시인데요.
2020년을 기점으로 BC와 AC의 개념이 달라졌다고 해요.
Before Corona | After Corona

지금 우리는 새로운 역사의 기점에서 또 다른 역사를 만들고 있습니다.
버티고, 이기면서 대한민국의 미래를 만들어 갈 여러분들을 응원합니다!

역사를 잃은 민족에게 미래는 없다!
역사를 아는 아이의 미래는 밝다!

어렸을 때 MBC에서 방영했던 〈조선 왕조 500년〉이라는 드라마를 열혈 시청했다. 한번 역사 드라마에 푹 빠져들다 보니, 줄줄이 이어지는 역사 드라마를 보지 않고는 배기지 못했고, 관련 책도 찾아 읽게 되었다. 학교에서 배우는 역사도 흥미진진했다. 내가 아는 인물과 사건이 교과서 여기저기에서 튀어나오니 재미있을 수밖에 없었다. 덕분에 나의 역사에 대한 애정은 시간이 갈수록 높아졌고, 더 많은 것이 알고 싶어 한국사, 세계사 관련 책을 열심히 찾아 읽게 되었다.

그런데 아이들에게 역사가 좋으냐고 물으면, 대부분 얼굴을 찡그린다. 케케묵은, 나와는 상관도 없는 옛날 옛적의 이야기를 왜 알아야 하느냐고 따지는 듯하다. 또, 외울 건 어찌나 많은지 공부도 하기 전에 질린다는 표정이다. 상황이 이러니, 역사를 공부하면 뭐가 좋은지 얘기하는 건 공허한 잔소리가 될지도 모르겠다. 그래서 전략을 바꾸기로 했다. 역사에 흥미를 느낄 수 있는 방법을 찾아 〈기적의 역사 논술〉에 적용하기로 한 것이다. 〈기적의 역사 논술〉은 다음의 3가지를 기본 줄기로 삼았다.

첫째, 역사는 이야기로 만나야 한다.

역사는 외울 게 산더미 같이 많은 지겹고 따분한 암기 과목이 아니라, 나와 다르지 않은 사람이 자신이 태어난 시대를 열심히 살았던 이야기이다. 〈기적의 역사 논술〉을 통해 타임머신을 타고 역사 속으로 들어가 사람들을 만난다면, 그들이 만나고 겪은 사람과 사건들이 오래오래 머리와 마음에 남을 것이다.

둘째, 역사는 시간 순서대로 만나야 한다.

역사 속 사건들을 단편적으로 공부한다면, 머릿속에서 파편처럼 돌아다니다가 금세 사라져 버릴 것이다. 역사 속 사건들은 꼬리에 꼬리를 물고 이어진다. 〈기적의 역사 논술〉은 선사부터 현대까지의 역사를 시간 순서대로 엮었다. 역사를 시간 순서대로 공부한다면, 과거의 사건이 현재와 미래에 강력한 영향력을 발휘한다는 것을 깨닫게 될 것이다. 더불어 현재를 살고 있는 우리가 미래를 준비할 때 필요한 지혜도 덤으로 얻게 될 것이다.

셋째, 역사는 인물 중심으로 만나야 한다.

역사 속 모든 사건은 인물들이 중심이 되어 이끌어 간다. 수많은 역사 속 인물들이 자신에게 주어진 과제를 해결하기 위해, 혹은 자신에게 닥친 고난을 극복하기 위해 고민하고, 선택하고, 행동했다. 〈기적의 역사 논술〉은 자신의 시대를 치열하게 살아간, 때로는 넘어지고, 때로는 큰 업적을 만들어 낸 사람들의 이야기를 담았다. 그들의 고민과 선택과 행동이 역사의 줄기를 어떤 방향으로 이끌었는지 살펴본다면, 나의 미래를 바른 방향으로 이끄는 데 톡톡히 큰 도움을 줄 것이다.

역사를 공부해야 하는 이유를 교육 과정에서 한국사의 비중이 높아졌고, 수능 시험에서 한국사가 필수 과목이 되었으며, 모든 공무원 시험에서 한국사가 필수가 되었다는 것에서 찾는다면, 좀 아쉽고 서글플 것 같다. 역사는 그보다 훨씬 재미있고, 더 높은 가치를 갖고 있기 때문이다.

역사는 수많은 사람들이 자신들의 시대를 열심히 산 결과물이다. 역사 속 인물들의 삶을 따라가면서 그들과 함께 고민하고 선택하고 행동한다면, 시대를 이해하는 힘과 공감하는 능력이 생길 것이다. 또한, 역사 속에서 오늘과 내일을 살아갈 지혜를 얻게 될 것이다. 과거의 일들이 현재에 영향을 미치듯이, 오늘 우리가 어떤 모습으로, 어떤 선택들을 하며 살아가느냐에 따라 미래가 결정될 것이기 때문이다.

이 책을 만난 친구들이 그 누구보다 멋진 미래 인재로 자라나기를 바란다.

2020년 뜨거운 여름, 저자 일동

〈기적의 역사 논술〉은 매주 한 편씩 한국사 스토리를 통해 역사적 맥락을 이해하고, 그 의미를 파악하며 생각을 써 보는, 초등 고학년을 위한 통합 사고력 프로그램입니다.

달달 외우거나 한 번 보고 끝나는 단편적인 공부가 아니라 스토리로 재미있게, 논술로 의미있게 맥락을 따라가 보세요. 대한민국의 과거를 통해 현재를 생각하고, 미래를 만들어가는 깊이 있는 공부가 될 것입니다.

1 역사 논술 시대별 구성 (전 5권)

| 선사~남북국 | 고려 | 조선 1 | 조선 2~대한 제국 | 일제 강점기~현대 |

2 외우지 않아도 맥락이 잡히는 한국사 스토리

한국사를 공부할 때 반드시 등장하는 주요 인물, 사건, 문화유산 등 초등학생이라면 알아야 하는 40가지 스토리를 담았습니다. 시간의 흐름대로 역사는 어떻게 시작되었고, 어떻게 흘러왔으며, 어떻게 흘러가고 있는지 알 수 있습니다. 옛날 이야기 읽듯, 동화 한 편을 보듯 천천히 곱씹으며 읽어 보세요. 흐름을 따라가다 보면 그 시대의 맥락을 이해하는 데 도움이 됩니다.

3 역사 공부의 이해를 돕는 키워드 & 그림 & 사진 자료

한국사는 용어가 핵심입니다. 이 책에서는 키워드를 중심으로 한자 풀이도 함께 제시하여 그 의미를 한 번 더 짚어 보도록 하였습니다. 또한 스토리의 이해를 돕는 그림과 사진 자료는 한국사를 조금 더 쉽게 공부할 수 있도록 해 줍니다.

4 통합 사고력, 문제 해결력, 의사 결정력을 키우는 탐구형 논술

이 교재에서 추구하는 논술은 통합 사고력을 키우는 것입니다. 사실에 기반한 역사 스토리를 통해 사건의 전후 관계를 파악하고 이해한 바를 표현해 보는 것이 주된 목표입니다. 읽고, 생각하고, 써 보는 과정에서 논리가 생기고, 비판적인 눈으로 인물과 사건을 바라보는 능력이 자랍니다. 사건 속에 들어가서 그때 그 인물은 왜 그런 선택을 했는지, 나라면 어떻게 했을지 생각해 보고, 그 생각을 표현할 때 문제 해결력을 키우고, 의사 결정력을 갖추게 됩니다.

5 교과 연계 핵심 커리큘럼

권	주	기적의 역사 논술 전체 커리큘럼	교과 연계 핵심 내용(3-2/5-2/6-1 사회)
1권 선사~남북국	1	선사 시대 사람들은 어떻게 살았을까?	역사의 의미
	2	한반도 최초의 나라, 고조선	선사 시대와 고조선의 등장
	3	고구려의 왕자, 백제를 건국하다	여러 나라의 성장
	4	대제국을 건설한 고구려	고대 국가의 등장과 발전(삼국의 발전)
	5	역사 속으로 사라진 철의 나라, 가야	삼국의 성장과 통일
	6	김유신, 삼국 통일의 주역	통일신라
	7	불국사와 석굴암	불국사와 석굴암
	8	발해, 고구려를 계승하다!	발해
2권 고려	1	왕건, 후삼국을 통일하다	고려 문벌 귀족 사회의 형성과 변화
	2	광종, 강력한 힘을 가진 왕	독창적 문화를 발전시킨 고려
	3	서희, 말로 거란의 칼을 이기다	
	4	푸른 하늘과 바다를 품은 고려청자	고려청자
	5	무신들의 세상이 오다	무신 집권기
	6	고려, 몽골의 자존심을 꺾다	몽골의 간섭
	7	팔만대장경으로 나라를 지키다	금속 활자와 그 의의, 팔만대장경
	8	공민왕, 고려의 부활을 꿈꾸다	몽골의 간섭
3권 조선 1	1	이성계, 조선을 건국하다	이성계 조선의 건국
	2	한양으로 도읍을 옮기다	유교 문화의 성숙
	3	조선의 과학을 꽃피운 세종	민족 문화를 지켜나간 조선
	4	훈민정음의 탄생	세종, 훈민정음
	5	임진왜란이 일어나다	임진왜란
	6	병자호란, 누구의 책임인가	병자호란
	7	수원 화성, 정조의 꿈을 품다	영·정조의 개혁 정치
	8	서민들이 문화를 즐기다	서민 문화의 발달
4권 조선 2~대한 제국	1	흥선 대원군, 개혁을 추진하다	흥선 대원군의 개혁 정치
	2	일본과 맺은 불평등한 강화도 조약	강화도 조약과 조선의 개항
	3	3일 천하로 끝난 갑신정변	개화파 중심의 근대 개혁
	4	동학 농민군이 바란 세상	새로운 사회를 향한 움직임(동학 농민 운동)
	5	일본, 명성 황후를 시해하다	을미사변
	6	독립신문, 한 장에 한 푼이오!	자주 독립을 위한 노력
	7	을사5적, 일제에 나라를 팔아먹다	일본에 외교권을 빼앗긴 대한 제국
	8	나라를 지키려는 백성들의 피, 땀, 눈물	나라를 지키기 위한 노력(의거 활동)
5권 일제 강점기~현대	1	나라를 빼앗기다	일제의 식민 통치
	2	3·1 운동, 대한 독립 만세!	나라를 되찾기 위한 노력
	3	봉오동 전투와 청산리 대첩	
	4	나라를 되찾기 위해 싸우다	독립운동가의 활동
	5	8·15 광복을 맞이하다	8·15 광복
	6	민족의 아픔, 6·25 전쟁	6·25 전쟁
	7	4·19 혁명이 일어나다	자유 민주주의 시련과 발전
	8	자유 민주주의가 발전하다	

고학년을 위한 역사 논술

사회 교과서에서 배우게 되는 한국사를 이 책에서는 스토리(이야기) 중심으로 풀었습니다. 시대 순으로 배열되어 있는 이야기 한 편을 꼼꼼하게 읽어 보세요. 키워드로 제시되는 주요 인물의 이름, 사건명, 지명, 문화유산 등을 한번 더 짚고 넘어간다면 전체적인 맥락을 파악하는 데 도움이 될 것입니다. 스토리에서 다룬 핵심 내용과 용어를 정리하는 퀴즈, 시대를 연결하고 해석해 볼 수 있는 탐구형 논술 문제도 도전해 보세요. 여러분이 그 시대의 주인공이라면 어떻게 판단했을지 생각하면서 부모님과 함께 대화해 보는 시간을 가져도 좋겠습니다.

학습 계획 세우기

한 주에 한 편씩, 천천히 읽고 공부하도록 주제별 2일차 학습 설계를 제안합니다. **1일차**에는 역사 스토리를 읽고, **2일차**에는 논술을 해 봅시다. 11쪽 차례를 보면서 학습 계획을 세우고, 스스로 점검해 보기 바랍니다.

학습 순서

이때는 말이야 [주제별 연표]

한 권에 시대별 주요 사건을 중심으로 8가지 주제를 담았습니다. 사회 교과서 어느 부분에 있는 내용인지 확인해 보고, 주제를 담고 있는 그림도 살펴보세요. 각 장의 주제를 중심으로 앞뒤에 어떤 일들이 있었는지 연표를 통해 확인하고 어떤 이야기가 전개될지 예상해 봅니다.

1 step 스토리 읽는 중

Hi-story [역사 이야기]

초등학생이라면 꼭 기억해 두어야 할 한국사 속 인물, 사건, 문화유산 등을 다양한 방식의 이야기로 제시합니다.

🔑 좌우에 제시한 키워드와 용어 설명은 역사적 맥락 읽기의 열쇠입니다. 글을 읽으면서 한번 더 꼼꼼하게 짚어 봅시다.

Plus history [역사 더하기]

이 코너에서는 스토리에 다 담지 못했던 역사 내용을 자료나 이미지 등을 활용하여 한 발짝 더 들어가 봅니다.

2 step 스토리 읽은 후

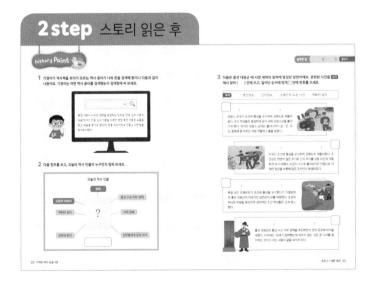

history Point [역사 포인트]

이야기의 핵심이 되는 내용과 용어를 퀴즈를 통해 확인합니다. 막힘없이 퀴즈를 풀었다면 앞의 이야기를 잘 읽고 이해했다는 증거입니다.
문제마다 바로바로 답이 나오지 않았다면 Hi-story로 가서 한 번 더 읽고 오세요.

3 step 스토리 읽은 후

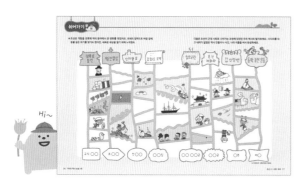

Talk history [역사 토론 논술]

앞서 읽었던 이야기를 떠올려 보고, 탐구형 논술 문제에 답하면서 역사를 해석하고 비판해 보는 시간을 가져 봅시다. 역사는 어떻게 전개되었으며, 우리가 어렴풋이 알고 있던 인물과 사건의 의미, 자랑스러운 문화유산의 가치, 새로운 사회를 향한 움직임, 전쟁의 고통, 광복의 기쁨 등을 주제로 한 이야기를 통해 우리가 한번쯤 생각해 봐야 할 문제들을 논리적으로 풀어 쓰는 연습을 할 수 있습니다.

쉬어가기

미로 찾기, 틀린 그림 찾기, 숨은 그림 찾기 등 재미있는 게임을 통해 그동안 쌓인 역사 지식을 뽐내 보세요.

부록 줄줄이 한국사 연표 [권별로 1장씩 들어 있어요]

연표는 역사를 시간 순서대로 기억하는 데 도움이 됩니다. 이 책에서는 한국사의 흐름을 한눈에 볼 수 있는 연표를 시대별로 1장씩 제공합니다.
각 권의 시대별 연표를 줄줄이 이으면, 내 키만한 한국사 연표가 완성됩니다.

4권
조선 2~대한 제국

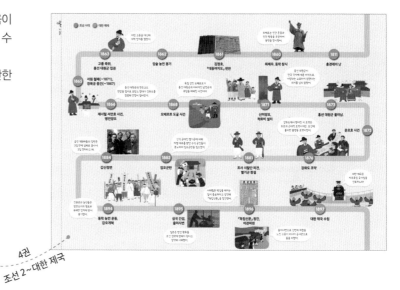

차례 보고 세우는 학습 계획표

1 흥선 대원군, 개혁을 추진하다

 이때는 말이야~

5-2 2. 사회의 새로운 변화와 오늘날의 우리
① 새로운 사회를 향한 움직임

임술 농민 봉기

1862

○ 서원 철폐

**서원 철폐(~1871),
경복궁 중건(~1867)**

1865

고종이 아직 어리니,
내가 벼르던
개혁을 시작해야겠군!

1863

**고종 즉위,
흥선 대원군 집권**

경복궁을 고쳐
지으려면 비용이
어마어마 할 텐데?

프랑스가 조선에 통상을 요구하며 병인양요가 일어났어.

서양과 교류하지 않겠다는 의지를 널리 알리기 위해 척화비를 세웠지.

오페르트 도굴 사건

1868

흥선 대원군 물러남.

1873

1866

제너럴 셔먼호 사건, 병인양요

맙소사. 독일 상인 오페르트가 무덤을 파헤쳤대.

1871

신미양요, 척화비 설치

○━ **키워드**

세도 정치

勢	권세	세
道	길	도
政	정치	정
治	다스릴	치

특정 가문이 나라의 권력을 독점하는 정치이다. 정조 이후 어린 왕들이 왕위에 오르자 왕실과 혼인 관계를 맺은 가문들이 나라의 정치를 독점했는데 안동 김씨, 풍양 조씨 집안이 대표적인 세도 가문이다.

수령: 고려와 조선에서 각 고을을 맡아 다스리던 지방관을 말한다.

탐관오리: 백성의 재물을 탐내어 빼앗는 청렴하지 못한 관리를 뜻한다.

외척: 어머니 쪽의 친척을 말한다.

"휴, 농사 지을 땅을 빼앗겼으니, 이제 어떻게 살아야 하나."

용식의 한숨 소리에 땅이 꺼질 것 같아요. 용식은 강화도에 사는 농사꾼인데, 얼마 전 고을 **수령**에게 억울하게 땅을 빼앗겼어요. 당시 권세가 하늘을 찌르던 안동 김씨 가문에 뇌물을 바치고 관리가 된 사람들이 많았는데 이들이 **탐관오리**가 되어 백성을 괴롭혔거든요.

그나저나 안동 김씨 집안이 왜 그렇게 위세를 떨쳤냐고요?

한창 개혁을 펼쳐나가던 정조 임금이 갑작스럽게 죽자, 정조의 어린 아들(순조)이 왕이 되었어요. 순조가 안동 김씨 가문의 여인과 결혼하면서 안동 김씨 가문이 왕의 **외척**이 되었지요. 이들은 높은 관직을 독차지하고 나라의 권력을 장악했어요. 그 후 헌종, 철종의 왕비 역시 안동 김씨 가문에서 나왔어요. 안동 김씨를 비롯한 몇몇 가문은 60여 년간 **세도 정치**를 펼치며 왕을 허수아비로 만들고, 나랏일을 좌지우지했어요.

세도 가문은 돈을 받고 벼슬을 팔기도 했어요. 돈을 바치고 벼슬을 얻은 관리들은 백성들에게 마음대로 세금을 거두어들이거나 땅을 빼앗는 등 온갖 나쁜 일을 저질렀어요.

군포: 조선 시대에 군대에 가는 대신 내던 베(옷감)를 말한다. 양반들은 군포를 내지 않고 16세부터 60세 사이의 평민 남자들만 냈다.

★ **참고 자료**

조선 말 재정의 부패(삼정의 문란)
• **전정의 문란:** 농사를 짓지 못하는 황무지에 세금을 물리는가 하면, 홍수나 가뭄이 들어 농사를 못 지어도 세금을 거두었다.
• **군정의 문란:** 원래 16살에서 60살까지 평민 남자들에게 받던 군포를 노인이나, 어린아이, 심지어 죽은 사람들에게까지 물렸다.
• **환곡의 문란:** 환곡은 원래 형편이 어려운 백성들에게 곡식을 빌려 주는 제도인데, 백성들에게 억지로 곡식을 빌려 준 다음, 높은 이자를 붙여 받았다.

"가뭄이 들어 농사를 못 지었는데도 세금을 내라고 해서 세금으로 낼 곡식이 없다니까 땅을 빼앗아 갔지 뭔가(**전정의 문란**)!"

용식이 하소연을 하자, 여기저기에서 불만이 쏟아졌어요.

"난 일흔 살 노인인 아버지와 젖먹이 아들의 **군포**도 물었다네. 세상에 어떤 사람은 죽은 조상의 군포도 냈다더라고(**군정의 문란**)."

"난 곡식이 필요 없다는데도 억지로 빌려 주더니, 높은 이자를 붙여 돌려달라는 거야. 게다가 돌과 흙이 가득한 곡식을 빌려 줘 놓고 멀쩡한 곡식을 내 놓으라니 말이 되나(**환곡의 문란**)?"

그러던 어느 날, 강화도 백성들에게 엄청난 소식이 전해졌어요. 흥선군의 둘째 아들이 새 임금(고종)이 되었다는 거예요.

"안동 김씨들 눈치나 보던 흥선군이 임금의 아버지가 된다고?"

"흥선군이 원래 똑똑한 사람인데, 안동 김씨들이 똑똑한 왕족들은 억울한 누명을 씌워 죽이거나 귀양 보내니, 일부러 그런 게 아닐까?"

"그나저나 새 임금의 나이가 고작 열두 살이니, 흥선군이 나랏일을 보겠군. 그동안 안동 김씨 놈들 그렇게 흥선군을 무시하고 깔보았으니, 가만두지 않겠지."

○ **흥선 대원군:** 고종의 아버지로 1863년에 아들이 왕(고종)이 되면서 1873년에 정치에서 물러날 때까지 10년 동안 실질적으로 조선을 다스렸다.

대원군: 왕에게 자손이나 형제가 없어 왕족 가문 중 한 사람이 왕위를 이어받았을 때 새 왕의 아버지를 이르는 말이다.

서원: 조선 시대의 유교 교육 기관이다.

흥선 대원군이 고종을 대신해 정치적 실권을 장악하고 백성을 위한 개혁 정치를 펼치기 시작했어요.

"흥선 대원군이 안동 김씨를 조정에서 싹 몰아냈다면서?"

"토지 조사를 벌여 양반들이 숨겨 두었던 땅도 모조리 찾아내 세금을 물렸다네. 또, 백성들을 괴롭히던 환곡도 손봤잖아."

"가장 속 시원한 일은 양반에게도 군포를 내게 한 거야. 그 동안 양반들은 군역을 면제받아 군포를 안 냈잖아."

"그뿐인가? 전국에 있던 수많은 **서원**을 47개 만 남기고 싹 정리했다네. 그 동안 서원이 계속 느는 바람에 우리가 내는 세금도 늘지 않았나?"

"서원을 없앤다니까 전국에서 유생들이 올라와 궁궐 앞으로 몰려갔대. 서원을 없앨 거면 차라리 자신들의 목을 치라고 했다더군."

"그런데 흥선 대원군은 눈 하나 꿈쩍하지 않고 호통을 쳤다네. 백성을 해치는 것이 있으면 절대로 용서하지 않겠다며 서원의 땅과 재산을 싹 몰수했대."

백성들은 세도 정치의 잘못을 바로잡고 백성들의 편에 서는 흥선 대원군을 지지했어요. 그런데 언제부터인가 사람들은 모이기만 하면 흥선 대원군을 향해 불만을 터뜨리기 시작했어요.

"흥선 대원군이 왕실의 권위를 세우겠다며 **경복궁**을 다시 짓는대."

"궁궐을 지으려면 돈이 많이 들잖아. 그래서 양반들에게 원납전이라는 기부금을 강제로 걷었대. 기부금이라면서 강제로 걷는 게 말이 되는가?"

"어디 그뿐인가? **당백전**이라는 큰 액수의 화폐를 찍어 내는 바람에 물가가 엄청 뛰었다는군. 한양의 사대문을 통과할 때도 돈을 받는다면서?"

"또 엄청나게 많은 백성이 공사에 동원됐다는데?"

'한창 바쁜 농사철에 백성들을 궁궐 공사에 동원하다니.'

용식은 마음이 무거워졌어요. 살기 좋은 세상이 올 거라고 잔뜩 기대했는데, 백성들의 삶은 나아진 게 별로 없었거든요.

설상가상으로 조선의 해안가에서는 언제부터인가 **이양선**이 조선 해안가에 나타나 사람들을 불안하게 했어요.

이양선

異 다를 **이**
樣 모양 **양**
船 배 **선**

조선의 배들과 모양이 다르게 생긴 서양 배라는 뜻이다. 이양선은 대부분 무기를 갖춘 거대한 전투함이었다.

◐ **경복궁**(서울특별시 종로구): 경복궁은 임진왜란 때 불타 버린 뒤 270년이 넘도록 폐허로 남아 있었다. 흥선 대원군은 나라의 으뜸 궁궐인 경복궁을 다시 지어 왕실의 권위를 높이고자 했다.

당백전: 상평통보 100배의 가치를 가진 돈이라는 뜻에서 당백전이라고 했다.

병인양요

丙 셋째 천간
병

寅 셋째 지지
인

洋 서양
양

擾 어지러울
요

1866년(병인년)에 프랑스가 함대를 이끌고 통상을 요구하며 강화도를 침범한 사건이다.

통상: 나라들 사이에 서로 물품을 사고파는 것을 말한다.

『의궤』: 왕의 결혼. 장례. 건축 등 주요 행사 모습을 그림과 함께 생생하게 기록한 책이다.

양헌수: 병인양요 때 강화도에서 프랑스군과 싸워 큰 승리를 거둔 조선의 장수이다.

1866년 7월, 미국의 제너럴 셔먼호가 대동강을 거슬러 평양 근처까지 올라와서 **통상**을 요구했어요. 조선이 이를 거절하자, 관리를 잡아 가두고 물건을 약탈하며 총까지 쏬어요. 화가 난 평양 백성들이 미국 배를 불태워버렸지요(**제너럴 셔먼호 사건**). 이 소식은 용식이 사는 강화도까지 전해졌어요.

그리고 두 달 뒤, 강화도에도 큰 일이 일어났어요. 프랑스가 군함 7척과 수천 명의 군사를 이끌고 와, 대포로 위협했어요.

"이게 대체 무슨 난리야? 프랑스가 왜 조선을 공격하는 거지?"

"흥선 대원군이 천주교를 탄압해 프랑스 신부와 수천 명의 천주교 신자들을 처형했잖은가? 프랑스가 이걸 구실로 조선에 통상을 요구하며 쳐들어온 거래."

흥선 대원군은 프랑스의 통상 요구를 단칼에 거절하고 강화도 수비를 강화해 전투 태세를 갖추었어요. **병인양요**가 시작된 거예요.

용식을 비롯한 조선군은 죽기 살기로 프랑스 군대와 싸웠어요. 하지만 변변찮은 무기로 총과 대포로 무장한 프랑스군을 당해 낼 수 없었지요. 프랑스군은 강화도에 머무는 동안 금·은, 곡식은 물론, 『의궤』와 같은 귀중한 문화재까지 훔쳤어요. 이 때, **양헌수** 장군이 이끈 조선군이 프랑스군을 기습 공격해 승리를 거두었어요.

조선의 보물이라도 챙겨 가야지!

"서양 사람들은 영락없는 도둑놈들이야. 입으로는 통상을 하자면서 행동은 온갖 야만적인 짓을 저지르는데, 정말 끔찍했어."

1868년에는 조선 백성들을 큰 충격에 빠트린 일이 일어났어요. 독일 상인 오페르트가 조선에 몇 차례 통상을 요구하다 거절당하자 흥선 대원군의 아버지인 남연군의 무덤을 파헤쳐 놓았다는 거예요(**오페르트 도굴 사건**).

"예의를 모르는 서양 사람들하고는 절대 통상하지 않겠다."

흥선 대원군은 서양과 **교류**하지 않겠다고 선포했어요.

조상의 제사나 무덤을 중요하게 생각했던 백성들도 크게 분노했어요. 그러던 어느 날, 강화도에서 또 큰 사건이 일어났어요.

"이번에는 미군이 군함을 이끌고 조선에 통상을 요구하며 쳐들어왔다네."

1871년, 미국이 제너럴 셔먼호 사건에 대한 책임을 지라며 조선에 쳐들어와 **신미양요**가 일어난 거예요.

어재연 장군과 조선군은 이번에도 목숨 걸고 맹렬하게 싸웠어요.

신미양요

辛	여덟째 천간 **신**
未	여덟째 지지 **미**
洋	서양 **양**
擾	어지러울 **요**

1871년(신미년)에, 미국이 제너럴 셔먼 호 사건을 빌미로 조선을 개항시키려고 무력으로 침략한 사건이다.

교류: 문화나 사상 따위를 서로 주고받는 것을 말한다.

斥 물리칠 **척**

和 화할 **화**

碑 비석 **비**

흥선 대원군은 병인양요와 신미양요를 겪은 뒤, 온 백성에게 외세의 침입을 경계시키기 위해 전국 곳곳에 척화비를 세웠다.

반감: 반대하거나 반항하는 감정을 말한다.

통상 수교 거부 정책: 다른 나라와 무역 등의 교류를 하지 않는 정책을 뜻한다.

외세: 외국의 세력을 뜻한다.

조선군은 총알이 떨어지면 창과 칼을 들고 싸웠고, 무기마저 떨어지면 돌멩이와 흙을 던지며 싸웠어요. 조선군이 격렬하게 저항하자 당황한 미군은 스스로 물러났지요.

전투가 끝난 뒤, 아버지와 동생을 잃은 용식은 조선군 시체들 사이에서 넋을 놓고 중얼거렸어요.

"너무 많은 백성들이 죽었어. 앞으로 또 얼마나 많은 나라들이 통상을 하자며 조선을 위협해 올까? 우리는 어떻게 맞서야 하는 걸까?"

흥선 대원군은 서양 세력에 대한 **반감**이 더욱 높아졌어요. 전국 곳곳에 **척화비**를 세우고 더욱 강력하게 **통상 수교 거부 정책**을 펼쳐 나갔어요. 척화비에는 이런 내용의 글이 새겨져 있었어요.

"**외세**가 침범했는데 싸우지 않는 것은 곧 나라를 팔아먹는 것이다."

용식은 마을 어귀에 우뚝 서 있는 척화비를 보면서 외세와 싸우다 희생된 수많은 이웃들을 떠올렸어요.

세상이 변하고 있는데 나라문을 꼭꼭 걸어 잠그는 게 맞는 걸까?

외세가 침범했는데 싸우지 않는 것은 곧 나라를 팔아먹는 것이다.

척화비

조선 왕실의 귀중한 책이 왜 프랑스에 있었을까?

1975년, 프랑스 국립 도서관에서 근무하던 한국인 여성 역사학자 박병선 박사는 지하 창고에서 놀라운 책을 발견했어. 그건 바로 조선의 『의궤』였어. 조선 왕실은 왕의 결혼, 장례, 건축 등 국가의 주요 행사가 있을 때 의궤청을 설치해 행사가 어떻게 이루어졌는지 그림으로 기록해 놓았어. 그 책이 바로 『의궤』야.

그런데 나라의 귀중한 책이 왜 프랑스에 있었냐고? 그건 병인양요 때 강화도에 침입한 프랑스군이 약탈해 갔기 때문이야. 프랑스군은 외규장각에 보관된 책 중 300여 권을 가져가고, 나머지는 모조리 불태워 버렸어.

박병선 박사는 우리 문화재를 되찾기 위해 오랫동안 노력했고, 그 덕분에 『의궤』는 2011년 5월, 우리나라에 돌아왔어. 프랑스에서 5년마다 다시 빌려 오는 형식으로 말이야.

◎ 『**영조 · 정순 왕후 가례도감 의궤**』: 가례란 왕비 · 왕세자 · 왕세자빈을 세우는 책봉, 왕세자와 왕세손의 성인식, 국왕과 왕세자의 혼례 등을 말한다. 조선 왕실은 가례가 있을 때 가례도감을 설치하고, 행사에 관한 전반적인 일을 관장하게 했다. 가례도감은 『의궤』를 통해 가례에 관한 사실을 그림과 글로 기록하였다.

◎ **병인양요 때 강화도를 점령한 프랑스군**: 프랑스군이 외규장각 주변을 행진하고 있다. 외규장각에는 귀중한 책들이 보관되어 있었는데, 많은 책들이 병인양요 때 프랑스군에 의해 약탈되고 불태워졌다. 우리나라는 프랑스군이 가져간 외규장각 도서들을 반환하라고 요청했지만 아직까지 해결되지 않고 있다.

1 기정이가 역사책을 보다가 모르는 역사 용어가 나와 뜻을 검색해 봤더니 다음과 같이 나왔어요. 기정이는 어떤 역사 용어를 검색했는지 검색창에 써 보세요.

특정 가문이 나라의 권력을 독점하는 정치로, 안동 김씨 가문이 대표적이다. 안동 김씨 가문을 비롯한 몇몇 특정 가문은 뇌물을 받고 벼슬을 팔기도 했으며, 왕을 허수아비로 만들고 나랏일을 좌지우지했다.

2 다음 힌트를 보고, 오늘의 역사 인물이 누구인지 맞혀 보세요.

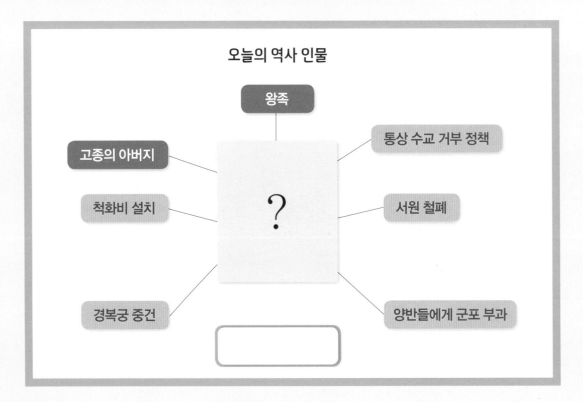

오늘의 역사 인물

왕족

통상 수교 거부 정책

고종의 아버지

?

서원 철폐

척화비 설치

경복궁 중건

양반들에게 군포 부과

3 다음은 흥선 대원군 때 서양 세력의 침략에 맞섰던 장면이에요. 관련된 사건을 보기
에서 찾아 ( ) 안에 쓰고, 일어난 순서에 맞게 □ 안에 번호를 쓰세요.

보기　　　병인양요　　　신미양요　　　오페르트 도굴 사건　　　척화비 설치

□ (　　　　　　　　　　)

프랑스 군대가 조선에 통상을 요구하며 강화도로 쳐들어
왔다. 조선 백성들은 용감하게 맞서 싸워 프랑스군을 물러
가게 했다. 하지만 프랑스 군대는 물러나면서 금·은, 곡
식, 문화재 등 닥치는 대로 약탈하고 불을 질렀다.

□ (　　　　　　　　　　)

미국이 조선에 통상을 요구하며 강화도로 쳐들어왔다. 조
선군은 변변치 않은 무기로 신식 무기를 갖춘 미군과 격렬
하게 맞서 싸웠다. 미군이 스스로 물러났지만 전쟁으로 어
재연 장군을 비롯해 많은 조선인이 희생되었다.

□ (　　　　　　　　　　)

독일 상인 오페르트가 조선에 통상을 요구했다가 거절당하
자 흥선 대원군의 아버지인 남연군의 묘를 파헤쳤다. 조상의
제사와 무덤을 중요하게 생각하던 조선 백성들은 크게 분노
했다.

□ (　　　　　　　　　　)

흥선 대원군은 통상 수교 거부 정책을 추진하면서 전국 곳곳에 비석을
세웠다. 비석에는 '외세가 침략했는데 싸우지 않는 것은 곧 나라를 팔
아먹는 것이다.'라는 내용의 글을 새겨져 있다.

1 다음은 조선 후기 세도 정치 모습을 나타낸 거예요. 이때 조선의 상황으로 옳은 것을 모두 찾아 ○표 하세요.

tip 나라의 재정이 부패해 백성들의 생활이 어려웠어.

조선의 왕은 안동 김씨의 허수아비야!

백성들이 힘들건 말건 벼슬자리 팔아 부자 되자!

☐ **①** 백성들은 농사를 짓지 못하는 황무지를 갖고 있어도 세금을 내야 했고, 홍수나 가뭄이 들어 농사를 못 지어도 세금을 내야 했다.

☐ **②** 16살에서 60살까지 양인 남자가 내던 군포를 60살이 넘은 노인이나, 어린아이, 심지어 죽은 사람들에게까지 물렸다.

☐ **③** 마을의 수령은 백성들에게 억지로 곡식을 빌려 준 다음, 높은 이자를 받았다. 심지어 곡식을 빌린 적이 없는데도 곡식을 갚으라고 억지를 부리기도 했다.

☐ **④** 나라가 부유해져 백성들이 살기 편해지자, 조선의 많은 백성들이 사치를 일삼고, 어른을 공경하지도 않았다.

2 위와 같은 상황에서 백성들의 마음이 어떠했을까요? 조선의 백성이 되어 속마음을 써 보세요.

---

3 흥선 대원군은 집권하자마자 여러 개혁을 실시했어요. 흥선 대원군이 실시한 다음 개혁에 대해 일반 백성과 양반들은 각각 어떤 반응을 보였을까요?

tip 흥선 대원군은 먼저 국왕 중심으로 정치를 펴고 백성들의 생활을 안정시켰어.

조정에서 안동 김씨 세력을 몰아내고 인재를 고루 뽑았다.

원래 양반은 세금을 안 냈는데, 흥선 대원군은 양반에게도 세금을 내게 했다.

세금을 면제받고 부당하게 재산을 쌓던 서원을 일부만 남기고 정리했다.

❶ 백성들의 반응은?

----

❷ 양반들의 반응은?

4 흥선 대원군이 왕실의 권위를 되찾기 위해 경복궁을 고쳐 지으면서 어떤 일이 있었을까요? 당시 조선의 백성이라면 어떤 마음이 들었을지 써 보세요.

tip 흥선 대원군이 경복궁을 고쳐 지을 때 백성들로부터 무리하게 비용을 걷고 노동력을 동원했어.

경복궁을 다시 지어 땅에 왕실의 권위를 높일 것이다.

궁궐을 다시 지으려면 돈이 엄청 많이 들 텐데……

기부금이면 스스로 원해서 내야지. 왜 강제로 걷는 거야?

원 납 전

상평통보의 100배 가치를 가진 당백전을 찍어 내 물가가 너무 올랐어.

사대문을 통과할 때 통행세도 내야 한다니까?

농사철에 백성을 공사에 동원하면 농사는 누가 짓고, 내 가족은 누가 먹여 살리나?

당시 백성들의 마음이 어땠냐고?

----

5 흥선 대원군의 통상 수교 거부 정책에 대해 백성들이 찬성과 반대로 의견이 나뉘었어요. 내가 당시 조선의 선비라면 어떤 입장일까요? 고종에게 올리는 상소문을 써 보세요.

tip 나라의 문을 여느냐, 마느냐를 두고 자신의 입장을 정리해 봐.

총과 대포를 앞세워 나라 문을 열라고 협박하고,
조상의 무덤을 파헤치는 서양 세력과는 절대 친하게 지낼 수 없다.
강력한 통상 수교 거부 정책을 실시한다는 의미로 전국에 척화비를 세운다.

상 소 문

고종 전하!

2 일본과 맺은 불평등한 강화도 조약

 이때는 말이야~

5-2 2. 사회의 새로운 변화와 오늘날의 우리
① 새로운 사회를 향한 움직임

흥선 대원군
물러남.
1873

 외국과의 통상을 거부하던 흥선 대원군이 물러났으니 개화를 주장하는 사람들이 힘을 얻었겠어.

강화도 조약
1876

1875
운요호 사건

 일본이 조선과 통상을 맺으려고 일부러 일으킨 사건이야.

우리는
신식 군대인
별기군!

우리는 조선 최초로
서양에 파견된
외교 사절단이야!

임오군란

1882

갑신정변

1884

1881

별기군 창설

1883

보빙사 파견

구식 군대에 대한
차별 대우 때문에
불만이 폭발했어.

🔑 키워드

강화도 조약

江	강	**강**
華	빛날	**화**
島	섬	**도**
條	가지	**조**
約	맺을	**약**

1876년, 일본과 맺은 우리나라 최초의 근대식 조약이자 불평등 조약이다. 이 조약으로 조선은 부산, 인천, 원산의 세 항구를 개항하면서 나라 문을 열고 다른 나라와 교류하기 시작했다.

조정: 임금이 나라의 정치를 신하들과 의논하면서 집행하는 곳이다.

★ 참고 자료

정치에서 물러난 흥선 대원군: 1873년, 고종이 직접 나라를 다스리겠다고 선언하고, 흥선 대원군과는 다른 길을 걷기 시작했다. 나라 문을 열고 다른 나라와 교류하기 시작한 것이다.

'만약 그때 조약을 맺지 않았더라면 어떻게 되었을까?'

나는 **강화도 조약**을 맺을 때 조선의 대표로 나간 관리 중 한 사람이야. 그때 일을 생각하면 너무 후회스러워 잠도 오지 않는단다. 우리가 일본과 불평등한 조약을 맺는 바람에 조선이 큰 고통을 겪게 되었거든.

대체 무슨 일이 있었던 거냐고? 아! 그때 우리는 일본의 속내를 정확히 알지 못한 채 일본과 마주했어. 지금부터 그 이야기를 들려 줄게.

당시 조선 **조정**에 큰 변화가 있었단다. 10년 동안 실질적으로 왕 노릇을 했던 **흥선 대원군**이 물러나고, **고종**이 직접 나라를 다스리게 되었거든.

때마침 조선 정부에서 나라가 발전하려면 다른 나라와 교류해야 한다고 주장하는 사람이 많아졌어. 물론 나도 그런 사람 중 하나였지. 흥선 대원군이 나라 문을 걸어 잠그고 있을 때, 가까운 나라인 일본은 서양과 교류하면서 나날이 힘을 키우고 있었거든. 나는 조선도 하루빨리 문을 열어 서양의 발전된 문물을 받아들여야 한다고 생각했어.

그러던 어느 날, 강화도 **초지진** 앞바다에 군함 하나가 나타났어. 작은 보트를 내리더니 초지진으로 다가오는 거야. 조선군이 정지할 것을 명령했는데도 어기고 다가오자, 경고의 뜻으로 대포를 쏘았지. 보트는 곧 되돌아갔는데, 이번에는 군함에서 초지진을 향해 대포를 쏘았어. 강화도에 나타난 이 배는 바로 일본의 군함인 **운요호**였어.

운요호는 별다른 방어 시설이 없던 영종도에 상륙해 조선 사람들을 죽이고 마을을 불태워 무기를 약탈해 돌아갔어. 느닷없는 일본 군함의 공격에 조선은 너무 화가 나고 기가 막혔지. 그런데 방귀 뀐 놈이 성낸다고, 일본이 조선 정부에게 오히려 화를 내며 **으름장**을 놓았단다.

"운요호는 단지 물을 얻으려고 초지진에 다가간 것뿐인데, 조선군이 공격하는 바람에 어쩔 수 없이 대포를 쏘았다. 이 사건에 대한 책임이 조선에 있으니, 강화도에서 만나 회담을 하자. 만약 회담 장소에 나오지 않으면 곧장 한성(서울)으로 쳐들어갈 것이다."

초지진: 조선 시대에 해상으로부터 침입하는 적을 막기 위해 구축한 요새이다.

○ **운요호:** 1875년, 일본은 운요호를 앞세워 조선과 통상을 맺으려고 계획적으로 강화도에 접근했다.

으름장: 말과 행동으로 위협하는 것을 말한다.

일본의 진짜 의도는
조선을 집어삼키려는
것입니다!

이 기회에 일본과 조약을
맺고 문물을 받아들여 나라를
발전시켜야지요!

개항

開	열 **개**
港	항구 **항**

항구를 개방해 외국
배의 출입을 허가하
는 것을 말한다. 조선
은 개항을 통해 서양
여러 나라와 교류하
기 시작했다.

통상: 나라들 사이에 서
로 물품을 사고파는 것.
또는 그런 관계를 뜻한다.

1876년, 일본은 7척의 함대를 이끌고 강화도에 나타나 조선과 **통상**을 하자고 요구했어. 당황한 고종은 조정 대신들을 불러 대책을 의논했단다.

"일본은 조선을 집어삼키려는 시커먼 속내를 감추고 있습니다. 일본과 통상을 맺는다면 조선이 위험해질 것입니다."

"서양 문물을 받아들여야 나라가 발전합니다. 이 기회에 나라 문을 열어 일본과 통상을 시작해야 합니다."

조정 대신들의 의견은 둘로 갈라졌고, 고종은 한참을 고민하던 끝에 무겁게 입을 떼었어.

"회담에 나아가지 않는다면, 조선은 전쟁의 위험에 놓이게 될 것이오. 회담의 조건을 잘 살펴 조선에 해가 되지 않는다면, 일본과 통상을 맺도록 하시오."

평소에 **개항**을 주장했던 나는 조선의 대표 중 한 사람으로 선발되었어. 우리 일행은 서둘러 강화도로 출발해 회담 장소에 도착했지. 일본 관리들은 미리 준비해 가지고 온 조약 문서를 우리 앞에 턱 내놓으며 우리를 압박했어.

사실 운요호 사건은 핑계였고 조선과의 통상이 목적이었던 거야. 우리는 조약 문서를 꼼꼼히 읽어 보았지.

측량: 기기를 써서 높이, 깊이, 넓이, 방향 등을 재는 것을 말한다.

- •4조 　조선은 일본에게 부산 이외에 두 항구를 개항한다.
- •7조 　조선은 일본이 조선의 해안을 자유롭게 **측량**하도록 허용한다.
- •10조 일본인이 조선이 정한 각 항구에 머무르는 동안 죄를 범했을 경우 일본이 심판한다.

　　　　　　　　　　　　　　　－『고종 실록』의 「강화도 조약」 일부

★ 참고 자료

강화도 조약에 숨겨진 일본의 의도: 일본이 세 개의 항구를 열도록 요구한 것은 일본이 필요한 곡물을 조선에서 실어 나르기 위한 것이었다(4조). 조선의 해안을 측량하려는 것은 조선 침략을 위해 필요한 정보를 수집하려는 것이었다(7조). 또 조선에서 죄를 저지른 일본인을 일본이 심판하게 한 것은 조선의 사법권을 배제한 것이다(10조).

문서를 읽으면서 우리는 좀 당황했어. 원래 나라와 나라 간에 조약을 맺을 때는 이 조약이 어떤 영향을 미칠지 따져보고, 자기 나라에 유리한 쪽으로 조약 내용을 정하기 위해 상대 나라와 밀고 당기기를 해야 하는데, 일본이 우리를 너무 압박했거든.

그래도 우리는 몇몇 조항을 수정하고 최대한 우리의 입장을 반영하려고 했어. 회담장 주변에는 일본 군대가 총칼을 들고 서 있고, 조금 떨어진 곳에서는 대포를 쏘며 살벌한 분위기를 만들었지.

나를 비롯한 조선의 대표들은 일본이 교묘하게 숨긴 침략의 의도를 충분히 검토하지 못한 채 강화도 조약을 맺고 말았어.

⊙ **열무당(인천광역시 강화군):** 강화도 조약이 체결되었던 곳. 일본은 이곳에 군인들을 배치하고 함포를 쏘며 조선 관리들을 위협했다.

관세

關 빗장 관

稅 세금 세

국가 간 무역 상품에 대해 물리는 세금으로, 자기 나라의 산업을 보호하기 위한 장치이다. 일본보다 산업화가 늦은 조선은 일본 상품에 관세를 매겨 산업을 보호해야 했지만, 그러지 못했다. 결국 조선의 수공업은 몰락의 길을 걷게 되었다.

강화도 조약이 체결된 후, 조선은 일본에 부산, 인천, 원산 세 항구를 개항하면서 외국과 통상을 시작했단다. 그런데 조선에는 위험한 기운이 감돌았고, 이로 인해 백성들은 큰 고통을 겪게 되었어.

"일본인들이 개항지에서 행패를 부려. 그런데 아무리 큰 죄를 지어도 조선 정부는 일본인들을 처벌하지 못한다면서?"

"그걸 믿고 온갖 나쁜 짓을 저지르는 게 아니겠나."

"말이 나와서 말인데, 남의 나라 해안을 함부로 측량하는 게 말이 되냐고? 해양 지도를 만들고 있는 것 같던데, 이러다가 또 임진왜란 때처럼 조선을 침략하는 거 아냐?"

백성들은 강화도 조약에 대한 불만을 터뜨렸어. 일본은 무역을 할 때 **관세**를 매기지 않는다는 내용을 조약에 추가했어.

"일본 상인들이 조선 쌀을 몽땅 사가니 쌀값이 폭등하고 쌀은 부족해져 조선 백성은 이젠 굶어 죽을 지경이야."

"일본에서 들여온 옷감이 색깔도 곱고 촉감도 좋아서 너도나도 사가니 조선 아낙네들이 만든 무명천은 인기가 떨어졌다더군."

수입품에 관세를 물려야 조선 산업을 보호할 수 있는데 그러지 못했어.

"기계로 찍어 낸 일본 상품을 조선에 팔고, 땅에서 나는 조선 농산물은 헐값에 일본으로 가져갈 것인데 그러면 머지않아 나라가 망할 것입니다."

일본 옷감과 비누가 참 좋아.

옷감 비누

조선 수공업이 다 무너지게 생겼어.

강화도 조약을 맺기 전 최익현이 통상 수교를 반대하며 우려했던 것이 그대로 나타났어.

"조선의 농업이고 수공업이고 다 무너지겠어."

백성들의 말대로 강화도 조약은 일본에게 유리하고 조선에게 불리한 불평등한 조약이었어. 개항으로 새로운 문물이 들어왔지만, 새로운 변화가 백성들의 삶을 더 어렵게 만들기도 했어.

한편, 고종과 명성 황후는 서양 문물을 받아들이는 일을 시작했어. 일본에 김기수 등 **수신사**를 파견해 신식 문물과 기술을 배우고, 청나라에 **영선사**를 보내 신식 무기 제조법과 군사 기술을 배워 오게 했어. 하지만 명성 황후의 친척들이 주요 관직을 장악한 후, 흥선 대원군의 개혁을 되돌리고 공공연하게 부패를 저질러 백성들의 원망을 사기도 했단다.

나라 안에서는 일본과 서양 세력으로부터 조선을 지켜야 한다는 움직임이 양반 **유생**들을 중심으로 퍼지기 시작했어.

아, 조선의 운명은 앞으로 어찌 될까?

★ 참고 자료

개항에 반대한 최익현과 유생들: 최익현을 중심으로 보수 유생들은 일본 역시 서양과 다르지 않다며 개화를 반대하는 주장을 폈다. 특히 강화도 조약에 대한 논의가 추진되자 일본과 통상을 하게 되면 겪게 될 문제를 지적했다.

유생: 유학을 공부하는 선비이다.

★ 참고 자료

민씨 세력의 등장: 흥선 대원군이 물러나자, 명성 황후의 친척들이 조선 조정을 장악했다.

조선의 쌀이 몽땅 일본으로 팔려나가네!

신식 군대, 별기군을 창설하다

사진 속 사람들이 누구냐고? 바로 고종이 개화 정책을 펼치면서 만든 신식 군대 '별기군'이야.

지금 보면 그리 세련되어 보이지 않지만, 당시에는 신식 무기로 무장하고 일본인 교관으로부터 신식 군사 훈련을

받았던 조선 최고의 신식 군인들이란다.

고종과 명성 황후는 외국 세력에 맞서 싸우기 위해서는 근대적인 군대가 꼭 필요하다고 생각했어. 그래서 이들을

특별히 아끼고 구식 군인보다 좋은 대우를 해 주었지. 상황이 이러니 구식 군대는 설움이 쌓였겠지?

구식 군인들은 신식 군인인 별기군과 비교해 심한 차별 대우를 받았어. 무엇보다 별기군에 비해 월급이 매우 낮았어. 게다가 오랫동안 월급이 밀려 있었지. 13개월 만에 월급을 받던 날, 구식 군대의 분노가 폭발했고 그로 인해 임오군란이 일어났어. 그럼 1882년에 일어난 임오군란의 과정을 살펴볼까?

배경

당시 신식 군대인 별기군은 최고 대우를 받고 있었지만, 구식 군인들은 월급도 밀린 상황이었어. 정부 재정이 부족해지고, 관리들의 부정부패가 더해졌기 때문이야. 그러다가 13개월 만에 월급을 받았는데, 글쎄*겨와 모래가 잔뜩 섞인 쌀을 준 거야. 차별 대우도 서러운데 월급까지 그 모양이니 구식 군대의 서러움이 폭발했지.

* 겨: 곡식을 찧어 벗겨 낸 껍질.

경과

구식 군대는 일본 공사관을 습격하고, 부정부패를 일삼는 민씨 세력과 그 뒤에 있는 명성 황후를 찾아 궁궐로 달려갔어. 하지만 명성 황후는 궁궐을 빠져나간 뒤였지. 사태가 심각해지자, 고종은 흥선 대원군을 불러 들였어. 흥선 대원군은 별기군을 폐지하고 구식 군대에게 밀린 봉급을 모두 지급할 것을 약속하면서 구식 군인들을 진정시켰지.

결과

명성 황후가 청나라에게 구식 군대를 진압해 달라고 요청했어. 청나라는 곧바로 군대를 파견해 구식 군대를 진압했고, 명성 황후는 궁궐로 돌아왔어. 그때부터 청나라는 조선의 정치에 간섭하기 시작했어. 그러자 일본도 임오군란으로 공사관이 피해를 입은 것에 대한 배상금을 요구하고 자기 국민들을 보호하겠다면서 군대를 주둔시켰어. 조선 땅에 청나라와 일본 군대가 주둔한 상황이라니!

history Point

1 지수는 부모님과 함께 현장 체험 학습을 가려고 자료를 모으고 있어요. 다음 사진과 관련 있는 역사적 사건은 무엇인지 보기 에서 찾아 써 보세요.

보기　　강화도 조약　　신미양요　　병인양요　　을사늑약

◎ 운요호

◎ 열무당

2 다음은 역사 보드 게임에 쓰는 카드인데 제목 부분이 가려져 있네요. 설명을 보고, 알맞은 단어를 써 보세요.

★★

강화도 조약 이후, 선진 문물을 도입하기 위해 조선이 일본에 김기수 등을 중심으로 파견한 사절단.

★

청나라에서 신식 무기 제조법과 군사 훈련을 배워 온 조선 사절단.

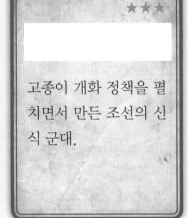
★★★

고종이 개화 정책을 펼치면서 만든 조선의 신식 군대.

3 다음은 강화도 조약을 맺게 된 과정을 정리한 거예요. 빈칸에 들어갈 알맞은 말을 써 보세요.

일본 군함 [   ]이/가 [   ] 초 지진 앞바다에 나타났어요. 조선군이 경고의 뜻으로 대포를 쏘았지요. 운요호는 돌아가지 않고, 영종도에 상륙해서 조선 사람들을 마구 죽이고, 불을 지르는 만행을 저질렀어요.

일본이 운요호 사건에 대해 책임지라고 조선을 협박했어요. 일본은 [   ]에서 회담을 하자고 제안했어요. 고종은 조정 대신들을 불러 회의를 열었어요. 대신들은 일본과 [   ]을/를 해야 한다는 의견과 하지 말아야 한다는 의견으로 나뉘었어요. 고민 끝에 고종은 조선 대표 관리를 뽑아 강화도로 보냈지요.

회담이 열리자, 일본 관리들은 미리 준비한 문서를 조선 관리들에게 내 놓으며 [   ]을/를 맺자고 압박했어요. 조선은 일본과 근대적인 조약을 맺고, 부산, 원산, [   ] 세 개 항구를 열었어요.

1 강화도 조약을 맺기 위한 논의가 추진되자 최익현은 궁궐로 달려가 반대하는 상소를 올렸어요. 여러분이 최익현의 입장이 되어 **키워드** 를 참고해 상소문을 완성해 주세요.

> **tip** 최익현은 강화도 조약을 결사 반대했던 대표적인 인물이야.

> 강화도 조약을 맺으면 아니되옵니다.
> 저의 주장이 옳지 않다면,
> 이 도끼로 저의 목을 치십시오.

키워드 　　　기계　　　　　　땅　　　　　　헐값　　　　　　무한정

일본과 조약을 맺으면 아니 되옵니다.

저들이 팔려는 물건은 **1** --

하지만 우리의 농작물은 **2** --

저들과 무역을 한다면 얼마 안 지나 조선 백성들은 굶주리고 나라는 망할 것입니다.

2 강화도 조약은 불평등한 조약이었어요. 10조 조항에 담긴 일본의 의도를 써 보세요.

tip 일본이 우리 땅에서 죄를 지어도 우리가 벌할 수 없었어.

조선측 대표

일본측 대표

강화도 조약 내용	일본의 의도
1조 조선은 자주국이며, 일본과 평등한 권리를 갖는다.	**1조** 조선이 청나라와 관계 없다는 것을 분명히 해서 청나라가 조선에 간섭하는 것을 막고 일본의 침략을 쉽게 만들려는 뜻이 숨어 있다.
7조 조선은 일본이 조선의 해안을 자유롭게 측량하도록 허용한다.	**7조** 일본이 조선의 해안을 관측해 정보를 얻고, 군함을 자유롭게 접근시키면서 조선 침략을 준비하겠다는 의도이다.
10조 일본인이 조선에서 죄를 범했을 경우 일본이 심판하게 한다.	**10조**

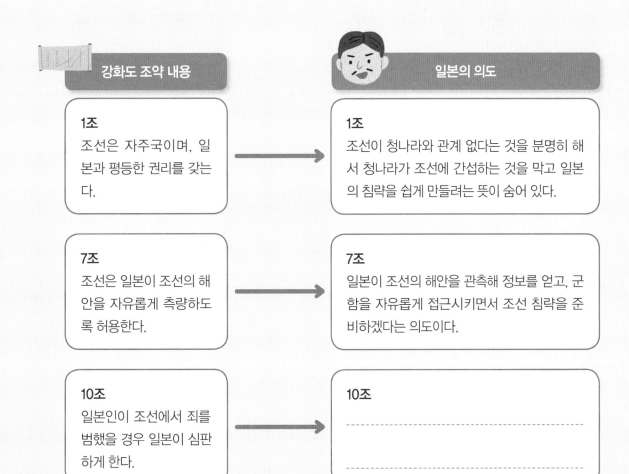

3 강화도 조약 내용 중 무역 관세에 대한 백성들의 불만이 매우 컸어요. 당시 조선과 일본의 통상에 관한 사람들의 이야기 중 <u>잘못된</u> 것을 찾고, 이를 바로잡아 써 주세요.

tip 일본과의 불평등한 무역 상황 때문에 백성들의 불만이 높았어.

❶ 일본의 옷감이 인기가 많아 우리 아낙네들이 만든 무명천 가격이 뚝 떨어졌다고 하던데?

❷ 일본 물건은 기계로 얼마든지 찍어 낼 수 있지만, 조선 농산물은 그럴 수 없으니 일본과의 무역은 정말 불평등해.

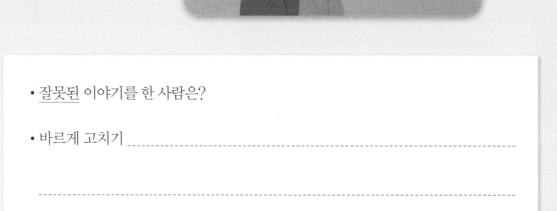

❸ 일본이 우리 농산물을 몽땅 사가는 바람에 조선에 쌀이 부족해졌어.

❹ 일본 상인이 조선 쌀을 사가면 조선도 부자가 되고 좋지 않은가?

• <u>잘못된</u> 이야기를 한 사람은?

• 바르게 고치기

4 다음 신문 기사를 읽고, 기사 내용에 알맞은 제목을 만들어 보세요. 또 임오군란 때 봉기한 구식 군인과 인터뷰한 내용을 상상해 써 보세요.

tip 구식 군인들이 신식 군인에 비해 어떤 차별을 받았는지 생각해 봐.

제25호

역사 신문

1882년 7월 ○일

[속보]

1882년. 조선의 구식 군대가 난을 일으켰다. 화가 난 구식 군대는 일본 공사관과 온갖 부정부패를 저지른 명성 황후의 친척들의 집으로 몰려갔다. 도중에 주변에 살고 있던 가난한 백성들이 이 봉기에 합류했다.

수천 명으로 불어난 사람들은 부정부패를 일삼은 탐관오리 몇 명을 죽이고, 일본 공사관을 불태운 다음 명성 황후를 찾아 궁궐로 향했다. 그러나 명성 황후는 궁녀로 변장해 이미 궁궐을 빠져나간 뒤였다.

[인터뷰]

 안녕하세요. 역사 신문 기자입니다. 왜 임오군란을 일으키셨나요?

 우리가 왜 들고일어났느냐 하면

3

3일 천하로 끝난 갑신정변

 이때는 말이야~

5-2 2. 사회의 새로운 변화와 오늘날의 우리
① 새로운 사회를 향한 움직임

별기군 창설
1881

『한성순보』 발간
1883

1882
임오군란

청나라 군대가
임오군란을 진압한 후
청나라가 조선 조정을
간섭하기 했어.

나 전봉준과 동학 농민들은
서양 세력을 몰아내고
백성을 편안하게 하겠다!

나, 김옥균은
청나라의 간섭에서
벗어나 조선의 근대화를
이룰 것이다!

방곡령 공포

1889

1884

갑신정변

일본으로 조선의 곡물이
팔려나가 조선 백성들이 굶주리자
곡물 수출을 금지했는데 이게
바로 방곡령이야. 하지만 일본의
압박으로 철회했어.

1894

**동학 농민 운동,
갑오개혁**

🔑 키워드

개화

開	열 **개**
化	될 **화**

다른 나라의 더 발전된 문화와 제도를 받아들여 과거의 낡은 생각, 문화와 제도 등을 발전시켜 나가는 것을 말한다.

북촌: 조선 시대에 서울 북쪽에 있는 마을들을 통틀어 이르던 말이다. 북촌에는 양반 사대부들이 모여 살았다.

속국: 법적으로 독립국이지만 실제로는 정치, 경제, 군사 면에서 다른 나라에 지배되고 있는 나라를 말한다.

거사: 큰일을 일으키는 것을 뜻한다.

늦은 밤, **북촌**의 어느 양반집 사랑방에 젊은 청년들이 모여 앉아 무척 심각한 표정으로 이야기를 나누고 있었어요.

"하루빨리 청나라의 간섭에서 벗어나 **개화**를 이루어야 하오."

김옥균의 말에 홍영식, 박영효, 서재필이 고개를 끄덕였어요. 이들은 모두 촉망 받는 조선의 젊은 관리들이었지요.

당시 조선 정부는 임오군란 때 도움을 받은 청나라의 간섭 아래 있었어요.

당시 조선은 청나라와의 관계를 유지하여 차근차근 개화하자고 주장하는 '**온건 개화파**'와 김옥균 등과 같이 일본을 모델로 삼아 조선의 법과 제도, 사상까지 싹 바꿔야 한다는 '**급진 개화파**'가 대립하고 있었어요.

어느 날, 급진 개화파 사람들이 모였어요.

"청나라의 횡포가 날이 갈수록 심해지고 있어요. 청나라의 **속국**과 같은 상황에서는 조선의 발전을 기대할 수 없습니다."

"그동안 우리는 개혁을 추진하고자 했지만, 청나라의 간섭으로 뜻을 이루지 못했소. 이제 **거사**를 일으켜 새로운 조선을 만듭시다!"

하루빨리 청나라의 간섭에서 벗어나야 합니다!

"때마침 베트남에서 청나라와 프랑스 사이에 전쟁이 일어났다고 합니다. 한성(서울)에 있는 청나라 군사 중 절반이 베트남으로 이동한다고 하니 이 기회를 놓쳐서는 안 됩니다."

"**우정총국**을 처음 여는 날을 거사일로 정합시다. **개국** 축하 연회를 성대히 열 것이니 큰일을 일으키기에 딱 좋은 날입니다."

"우리를 도와 줄 사람도 많이 모았고, 일본도 군사를 지원해 주기로 약속했소."

김옥균과 홍영식, 박영효, 서재필 등은 함께 거사를 일으켜 나라를 바꾸자고 굳게 맹세했어요. 하지만 이들이 일본의 힘에 의지한 것은 큰 실수였어요. 일본은 이 기회에 청나라를 몰아내고 조선에서 영향력을 확대하려는 검은 속셈을 가지고 있었으니까요. 김옥균 등 급진 개화파들은 나중에 뼈아픈 후회를 하게 돼요.

○ **우정총국을 복원한 모습**(서울특별시 종로구): 우리나라 최초로 우편 업무를 담당하던 관청이다. 급진 개화파 인물인 홍영식이 우정총국의 초대 총판이었다.

개국: 우체국이나 방송국 등이 사무소를 설치하여 처음으로 업무를 시작하는 것이다.

민영익: 명성 황후의 친정 조카로, 개화파의 활동을 방해하고 억압한 중심 세력이다.

1884년 10월 17일, 우정총국이 처음 문을 연 기념으로 큰 연회가 열렸어요. 나라의 높은 관리들과 여러 나라의 외교 사절들이 연회에 참석해 한창 즐거운 시간을 보내고 있을 때였어요.

"불이야! 불이야!"

모두들 깜짝 놀라 밖을 내다보니 우정총국과 가까운 건물에서 시뻘건 불길이 치솟고 있었어요. 당황한 **민영익**이 뛰쳐 나갔는데, 잠시 후 피를 흘리며 돌아왔어요. 밖에서 기다리고 있던 급진 개화파의 칼에 맞은 거예요. 연회장은 아수라장이 되었고, 그 사이에 김옥균, 박영효, 서광범 등 급진 개화파는 북쪽 창문을 뛰어넘어 우정총국을 빠져나왔어요. 이렇게 급진 개화파의 **갑신정변**이 시작되었지요.

김옥균은 재빨리 창덕궁으로 달려가 고종에게 거짓으로 아뢰었어요.

"지금 청나라 군대가 쳐들어왔으니 빨리 피하셔야 합니다. 그리고 상황이 위급하니, 일본에 군사를 요청하십시오."

바로 그때 폭탄 소리가 연이어 들려왔어요.

⊙ **갑신정변의 주역들** 왼쪽부터 박영효, 서광범, 서재필, 김옥균이다. 급진 개화파를 대표하는 이들은 모두 촉망 받는 조선의 젊은 관리였다.

저들이 감히!

당황한 고종은 김옥균의 말에 따라 일본 공사에게 도움을 청하고 경우궁으로 피신했어요. 일본 공사는 기다렸다는 듯이 군사를 보냈어요. 급진 개화파들은 비밀리에 훈련시킨 행동 대원과 일본군으로 경우궁을 에워싸고 철통같이 지켰어요.

"전하, 청나라의 **속박**에서 벗어나 자주적이고 근대적인 나라를 만들고자 오늘 저희가 거사를 일으켰습니다. 날이 밝으면, 청나라에 붙어 나라를 망치고 백성을 괴롭힌 무리들을 **처단**하고 새로운 세상을 여시옵소서."

김옥균이 결의에 찬 목소리로 고종께 아뢰었어요. 그제서야 고종은 사태를 파악했어요.

정변 세력들은 고종의 반대에도 불구하고 반대파 대신들을 왕의 이름으로 불러들여 처형했어요. 이들은 대부분 명성 황후의 친척이거나 이들과 가까운 신하들이었어요. 서슬 퍼런 칼날에 신하들이 하나둘씩 쓰러질 때 고종은 큰 공포를 느꼈어요.

'아, 저들은 나도 죽일 수도 있겠구나.'

속박: 어떤 행위나 권리의 행사를 자유로이 하지 못하도록 강압적으로 얽어매거나 제한하는 것을 말한다.

처단: 결단을 내려 처형하는 것이다.

★ **참고 자료**

민씨 정권: 흥선 대원군이 물러나고 명성 황후의 친척인 민겸호, 민영익 등 민씨 일파가 조정의 중요한 자리를 차지하고, 나랏일을 좌지우지했다. 이들 중 일부는 청나라에 의존하는 한편 부정부패를 일삼아 백성들의 원망을 샀다.

정변: 비합법적인 방법으로 생긴 정치적인 큰 변화를 말한다.

내각: 조선 후기 국무 대신들이 국정을 집행하던 최고 관리 조직을 말한다.

조공: 작은 나라가 큰 나라에 때를 맞추어 예물을 바치던 일을 뜻한다.

문벌: 대대로 내려오는 그 집안의 사회적 신분이나 지위를 말한다.

10월 18일, 이제 급진 개화파의 시대가 열렸어요. **정변** 세력은 개화 정부를 구성했어요. 조선의 인사권, 재정권, 군사권을 장악하고 조선을 새롭게 만들 개혁안을 고종에게 제안했어요.

"전하, 이제 조선은 자주적이고 근대적인 나라로 탈바꿈해야 합니다. 새로운 **내각**과 개혁안을 준비했으니, 허락하여 주시옵소서."

- 청에 바치던 **조공**을 없앤다.
- **문벌**을 폐지하고, 백성들이 평등한 권리를 갖는 제도를 마련하며, 능력에 따라 관리를 임명한다.
- 세금 제도를 고쳐 관리의 부정을 막고 국가 살림살이를 튼튼히 한다.
- 부정한 관리를 처벌하고, 백성들이 빚진 쌀을 면제한다.

－『갑신일록』, 갑신정변의 개혁안 일부

고종은 한참 동안 개혁안을 살펴보다가 김옥균에게 말했어요.

"그대들의 뜻대로 하시오. 다만 경우궁은 작고 불편하니, 창덕궁으로 다시 옮겨 새로운 개혁안을 발표하는 것이 좋을 듯하오."

김옥균은 고종의 뜻을 받들어 창덕궁으로 옮겼어요.

10월 19일, 고종은 정변 세력들의 개혁안을 그대로 시행하겠다고 발표했어요.

바로 그때였어요. 큰 폭발음이 들리더니, 청나라 군대가 창덕궁으로 들이닥쳤어요. 대체 어떻게 된 일이냐고요? 명성 황후가 비밀리에 청나라에 도움을 청한 거예요.

정변 세력들은 청나라 군사와 맞서 싸웠어요. 하지만 사태가 불리하다는 것을 직감한 일본군이 갑자기 철수했고, 일본군에 의지했던 정변 세력들은 몹시 당황했어요. 나중을 기약하며 도망치는 것 말고는 할 수 있는 일이 없었지요.

홍영식은 그 자리에서 죽고, 김옥균, 박영효, 서광범, 서재필 등은 일본 공사관으로 급히 몸을 피했다가 후퇴하는 일본군과 함께 배를 타고 일본으로 **망명**했어요.

결국 갑신정변은 3일 만에 실패로 끝이 났어요.

고종은 정변의 주도자들은 물론, 그들의 가족과 친척들까지 모두 처형했어요.

★ **참고 자료**

갑신정변이 실패한 까닭: 개혁의 준비가 부족한 상태에서 급진적으로 일어나 일반 백성들의 지지를 얻지 못했다. 또한 일본에 의지해 백성들의 반발을 샀다. 여기에 청나라 군대가 개입하고 일본군이 급히 철수했기 때문이다.

망명: 정치적인 이유로 박해를 피해 외국으로 몸을 피하는 것을 말한다.

배상금: 남에게 손해를
입힌 대가로 물어주는
돈을 말한다.

백성들은 모이기만 하면 갑신정변에 대해 얘기했어요.

"급진 개화파가 3일 동안만 정권을 잡았다고 3일 천하라고 하던데?"

"갑신정변 때 일본을 끌어들인 건 잘못이야. 일본 때문에 조선 백성들이 얼마나 큰 고통을 겪고 있나?"

"나라를 개혁하겠다면서 다른 나라의 힘에 의지하려 했다니, 참 답답해. 일본이 이번에 피해를 입었다면서 어마어마한 **배상금**을 요구했다고 하던데, 그것도 걱정이야."

"하지만 정변 세력이 발표한 개혁안을 보면 나라와 백성을 사랑하는 마음이 컸던 것 같은데 참 안타까워!"

"그런데 또 청나라 군대를 끌어들여 정변을 진압했으니, 나랏일에 더 사사건건 간섭할 게 아니야. 정말 큰일이군."

🔵 **일본 신문에 실린 김옥균 암살 삽화:** 김옥균은 1894년 상하이에서 조선인 홍종우가 쏜 총에 맞아 죽음을 당했다.

그나저나 일본으로 망명했던 김옥균은 어떻게 되었냐고요? 청나라로 옮겨갔다가 어느 여관방에서 한 조선인이 쏜 총에 맞아 세상을 떠났어요. 만약 갑신정변이 성공했었다면 조선은 어떻게 되었을까요?

온건 개화파와 급진 개화파는 한때 같은 편

온건 개화파와 급진 개화파는 한때 뜻을 같이했던 동지였어. 이들 모두 양반 집안의 똑똑한 청년들로, 박규수의 가르침을 받은 친구들이었지. 박규수는 중상주의 실학자였던 박지원의 손자로, 서양과 교역을 통해 조선을 부강하게 만들어야 한다고 주장했어.

박규수의 사랑방은 개화 사상을 가진 청년들이 모여 나라의 앞날에 대해 토론하며 개화 사상을 배우는 장소가 되었지. 하지만 시간이 지나면서 이 청년들은 온건 개화파와 급진 개화파로 나뉘어 서로 다른 길을 걷게 되었고, 서로에게 칼을 겨누는 사이가 되었어.

서양의 앞선 문물을 받아들여 나라를 발전시켜야 해!

온건 개화파

VS

대표 인물: 김홍집

모델로 삼은 나라: 청나라

주장: 청나라와의 관계를 유지하고, 조선의 제도를 지키면서 천천히 개혁해 나가야 한다.

주요 업적: 갑오개혁 주도

급진 개화파

대표 인물: 김옥균

모델로 삼은 나라: 일본

주장: 청나라의 간섭을 물리치고, 일본의 개혁(메이지 유신)을 본떠 급진적으로 개혁해 나가야 한다.

주요 업적: 갑신정변 주도

갑오개혁이란 일본의 간섭 아래 개화파가 주도한 근대적 개혁을 말해.

갑신정변은 성공을 거두는 듯했으나 3일 만에 실패로 끝나고 말았지.

1 조선의 개화를 주장하는 세력은 개화 방법과 방향에 따라 두 파로 나뉘었어요. 다음 빈칸에 알맞은 세력을 써 보세요.

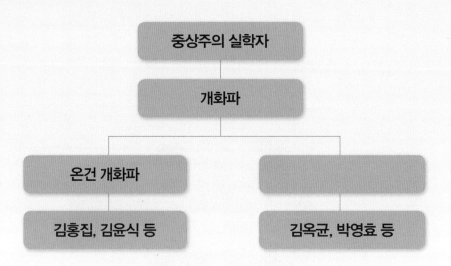

중상주의 실학자

개화파

온건 개화파 　　　　　　　　　

김홍집, 김윤식 등 　　　　　　　김옥균, 박영효 등

2 다음 인물과 관련 있는 것끼리 선으로 이어 보세요.

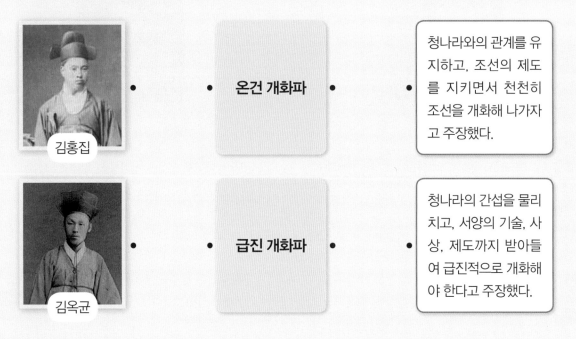

김홍집

온건 개화파

청나라와의 관계를 유지하고, 조선의 제도를 지키면서 천천히 조선을 개화해 나가자고 주장했다.

김옥균

급진 개화파

청나라의 간섭을 물리치고, 서양의 기술, 사상, 제도까지 받아들여 급진적으로 개화해야 한다고 주장했다.

3 다음은 '갑신정변 사건 일지'입니다. 빈칸에 알맞은 말을 써 보세요.

갑신정변 일지

제1일

1884년 10월 17일, 김옥균을 비롯한 급진 개화파 세력이 [   ]을/를 처음 여는 날, 축하 연회에서 정변을 일으켰다. 이를 [   ](이)라고 한다.

제2일

정변 세력은 개화 정부를 구성하여 조선의 인사권, 재정권, 군사권 등을 장악했다. 그리고 나라를 바꿀 새로운 [   ]을/를 만들어 고종에게 제안했다.

제3일

창덕궁으로 거처를 옮긴 고종은 급진 개화파가 제안한 새로운 개혁안을 발표했다. 그때 갑자기 궁궐 안으로 [   ] 군사들이 들이닥쳤다. 홍영식은 그 자리에서 죽고 김옥균 등은 일본으로 망명했다. 이로써 갑신정변은 3일 만에 실패로 끝이 났다.

1 개화에 뜻을 같이 했던 사람들이 온건 개화파와 급진 개화파로 나뉘어 토론을 벌이고 있어요. 두 개화파 세력의 이야기를 듣고, 나라면 어떤 쪽을 지지할지 고르고, 까닭을 써 보세요.

tip 청나라와의 관계를 유지하며 차근차근 개혁하는 것이 좋을까, 일본처럼 급진적으로 개혁하는 것이 좋을까?

내가 지지하는 쪽은?

내가 지지하는 세력은 (온건 개화파 , 급진 개화파)이다.

그 까닭은 ....

....

....

2 갑신정변을 일으키기 전, 김옥균이 일본 공사를 만나 협조를 약속받았어요. 당시 김옥균과 정변 시 군사적 지원을 약속한 일본의 의도는 무엇이었을까요?

tip 일본은 강화도 조약 이후로 조선을 침략하려는 의도가 있었어.

❶ 김옥균이 일본에 도움을 청한 까닭

❷ 일본의 의도

3 갑신정변을 일으킨 다음 날, 김옥균은 개혁안을 고종에게 전했어요. 이 중에서 당시 조선에 가장 필요한 개혁이라고 생각하는 것 하나를 선택하고, 선택한 까닭을 써 보세요.

tip 급진 개화파는 조선이 자주적이며 근대적인 나라가 되길 바랐어.

① 청에 바치던 조공을 없앤다.

② 문벌을 폐지하고, 백성들이 평등한 권리를 갖는 제도를 마련하며, 능력에 따라 관리를 임명한다.

③ 세금 제도를 고쳐 관리의 부정을 막고 국가 살림살이를 튼튼히 한다.

④ 부정한 관리를 처벌하고, 백성들이 빚진 쌀을 면제한다.

4 갑신정변은 왜 실패했을까요? 조선 백성의 입장에서 갑신정변을 주도한 사람들에게 갑신정변이 왜 실패했는지에 대해 자신의 생각을 말해 주세요.

tip 갑신정변 세력들은 일본 세력들을 끌어들여 급진적으로 개혁을 추진했어.

⊙ 갑신정변의 주요 인물(왼쪽부터 박영효, 서광범, 서재필, 김옥균)

4 동학 농민군이 바란 세상

 이때는 말이야~

5-2 2. 사회의 새로운 변화와 오늘날의 우리
① 새로운 사회를 향한 움직임

고부 관아
습격

1894. 1.

1894. 3.
황토현 전투
(~1894. 4.)

전주 화약

1894. 5.

 고부 군수 조병갑의
횡포에 농민들이 폭발해
관아를 습격했어.

 동학 농민군이
청나라 군대와 일본 군대의
철수, 개혁을 조건으로
정부와 화약을 맺었어.

1894. 6.
청일 전쟁 발발

농민군이
일본군과 관군에게
크게 패했어.

우금치 전투

1894. 11.

바른 길을 위해
죽는 것은 조금도
원통하지 않다!

1895. 4.
전봉준 처형

키워드

동학

東 동녘 **동**

學 배울 **학**

1860년, 최제우가 민간 신앙과 유교, 불교, 천주교의 장점을 모아 만든 종교로 서학에 반대한다는 의미로 동학이라 하였다. 동학교도인 전봉준은 동학 농민 운동을 이끌며 당시 사회를 비판하는 여러 가지 주장을 펼쳤다.

고부: 전라북도 정읍 지역의 옛 이름이다.

부임: 임명이나 발령을 받아 근무할 곳으로 가는 것을 말한다.

공덕비: 어떤 사람의 업적과 어진 덕을 기리기 위해 세우는 비석을 말한다.

고부 지역에 새로 **부임**해 온 군수가 있었는데 온갖 부정을 저지르는 것도 모자라 농민들로부터 지독하게 세금을 거두어 갔어. 참다못한 고부 농민들이 들고 일어났지. 바로 **동학 농민 운동**의 시작이었어.

만약 동학 농민 운동을 이끈 **전봉준**이 일기를 썼다면 어떤 이야기를 남겼을까?

1894년 3월 ○일. 바람이 사납게 붐.

강화도 조약 이후, 곡물이 일본으로 팔려나가 조선에서는 식량이 부족해 백성들이 늘 굶주림에 시달렸다. 그 와중에 탐관오리들의 수탈은 날이 갈수록 더욱 심해지고 있다. 특히 고부 군수 조병갑의 횡포는 상상을 초월해 고부 백성들의 고통이 이만저만이 아니다.

조병갑은 백성들을 동원해 만석보라는 저수지를 만들어 물세를 거두었다. 자기 아버지의 **공덕비**를 세우겠다며 백성들에게 돈을 거두는 것은 물론이고 특하면 백성들을 불러 강제로 일을 시켰다.

어디 그뿐인가! 멀쩡한 사람들에게 불효했다는 등, 이웃과 화목하게 지내지 않는다는 등 온갖 죄를 갖다 붙여 재산을 빼앗고, 돈을 내지 않으면 감옥에 가두거나 곤장을 때렸다.

파직: 관직에서 물러나
게 하는 것이다.

나는 조병갑을 혼내 주고, 사람답게 사는 새 세상을 만들기 위해 동학교도와 농민군을 모아 떨쳐 일어났다. 당황한 조정은 조병갑을 **파직**시키고, 새 군수를 보내 잘못된 것을 바로잡겠다고 약속했다.

하지만 정부에서 사건 처리를 위해 파견한 관리는 잘못을 바로잡기는커녕 동학 농민군에게만 책임을 물었다. 동학교도들을 반란의 주동자로 몰아 잡아 가두고 집에 불을 질러 겁을 주었다. 정부의 약속을 믿었던 나와 동학 농민군은 크게 분노했다.

나는 전국에 **사발통문**을 돌려 뜻을 함께 할 동지들을 모았다. 곧 김개남, 손화중 같은 동지들이 함께 하겠다는 뜻을 밝혔고, 수많은 백성들이 낫과 죽창을 들고 모여들었다.

나는 백성들을 모아 놓고, 안으로는 탐관오리를 벌하고, 밖으로는 외세를 쫓아내자고 외쳤다.

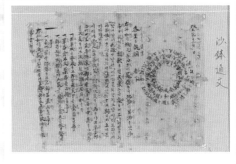

○ 사발통문: 사발로 원을 그리고, 그 주위에 이름을
써서 반란의 주동자를 파악하지 못하도록 했다.

○ 김개남(왼쪽), 손화중(오른쪽): 동학 농민군
지도자로, 동학 농민 운동이 일어났을 때
전봉준과 함께 싸웠다.

죽창: 대나무를 깎아 만든 창을 말한다.

★참고자료

장태: 대나무를 큰 항아리 모양으로 엮어 만든 닭장이다. 동학 농민군은 장태 안에 볏짚을 가득 넣어 총알을 막거나 높은 곳에서 밑으로 굴려 관군에게 접근해 죽창으로 적을 공격했다.

1894년 5월 ○일. 하늘은 드높고 땅은 기운참.

전국에서 1만 명이 넘는 농민군이 모였다. 흰옷을 입은 농민군이 일어서면 산이 온통 흰색으로 변했고, 농민들이 앉으면 온통 죽창으로 뒤덮였다.

우리가 다시 봉기했다는 소식을 듣고 정부에서는 황급히 관군을 보냈다. 우리는 황토현 고개(지금의 전라북도 정읍)에서 관군을 기습하였다. 관군은 신식 무기와 대포로 무장해 있었지만, 죽창을 치켜 든 우리는 결코 겁 먹거나 주저하지 않았다.

나는 앞만 보고 돌진하라고 외쳤다. 내 명령이 떨어지자 농민들은 목숨 걸고 싸웠고, 그 기세에 눌려 관군은 크게 패했다. 황토현에서 큰 승리를 거둔 우리는 기세를 몰아 고창, 영광, 함평 등 전라도의 각 고을을 단숨에 손에 넣었다.(**황토현 전투**)

농민군이 가는 곳마다 백성들은 환호를 보냈고, 음식을 내오며 우리를 격려해 주었다.

5월 31일, 드디어 우리 농민군은 전라도의 심장인 **전주성**을 점령했다. 이 기세라면 한성(서울)으로 곧 진격할 수 있을 것이다.

○ 장태(동학 농민 혁명 기념관)

1894년 6월 ○일. 흐렸다가 잠깐 해가 남.

사람들 사이에 조정에서 농민군을 토벌해 달라고 청나라에 부탁했다는 얘기가 돌았다. 얼마 뒤 나는 걱정했던 대로 청나라가 군대를 파견하자, 일본도 군대를 보냈다는 보고를 받았다. 나는 내 두 귀를 의심했다. 백성들의 어려움을 들어 주고 해결해야 할 정부가 남의 나라 도움을 받아 우리를 막겠다니 말이 되는가!

나는 두 나라가 조선에서 전쟁을 벌이지 않을까 근심했는데, 일본군 **파병**에 당황한 정부가 농민들의 요구를 들어 주겠다며 **화약**을 청해 왔다. 우리는 외국 군대의 개입을 막기 위해 정부와 협상했다.

청나라와 일본이 조선에서 물러날 것과 함께 탐관오리, 못된 양반은 그 죄를 조사해 반드시 처벌할 것, 노비 문서를 없앨 것과 같은 여러 개혁을 요구했는데, 정부는 무조건 들어 주겠다고 약속했다.

우리는 각자의 고향으로 돌아가 **집강소**를 열어 못된 양반을 혼내 주고, 노비 문서를 불태웠다. 이제 곧 사람답게 살게 될 것 같다며 모두들 기뻐했다. 하지만 어찌된 일인지 청나라와 일본 군대는 조선에서 떠날 생각을 하지 않고 있다.

★ **참고 자료**

동학 농민 운동과 청·일 군대의 파견: 고종과 명성 황후는 동학 농민군이 전주성까지 점령하자 청나라에게 도움을 요청했다. 청나라가 군사를 끌고 오자, 일본도 조선에 군사를 보냈다. 갑신정변 이후, 청나라와 일본은 조선의 허락도 없이 한 나라가 조선에 군대를 보내면 다른 나라도 군대를 보내기로 약속(톈진 조약)했기 때문이다.

파병: 군대를 파견하는 것이다.

화약: 화목하게 지내자는 약속을 말한다.

집강소: 농민들과 수령이 함께 의논해서 고을의 문제를 해결하는 자치 기구이다. 동학 농민군은 집강소를 통해 그들이 주장한 개혁 내용들을 실천에 옮겼다.

★ 참고 자료

청일 전쟁: 동학 농민군이 물러나고 조선 정부는 청나라와 일본에 군대 철수를 요청했다. 하지만 일본은 이에 응하지 않고 아산만에서 청나라 함대를 기습 공격해 청일 전쟁이 시작되었다. 전쟁에 승리한 일본은 더욱 노골적으로 조선을 침략해 나갔다.

교주: 어떤 종교 단체의 지도자나 우두머리를 말한다.

1894년 8월 ○일. 잔뜩 흐림.

대체 왜 우리나라 일에 남의 나라를 끌어들였단 말인가! 고종 임금도 곧 후회하고 청나라와 일본에 군대를 물릴 것을 요구했지만 일본은 이 기회에 조선에서 청나라를 완전히 몰아내고 조선을 차지하려고 작정한 듯했다.

일본은 조선에 상륙하자마자 경복궁을 기습해 점령했다. 고종과 명성 황후를 사로잡아 청나라와 일본 사이에서 조선이 무조건 일본 편을 들라는 내용의 조약을 강요했다는 소식이 들려왔다. 너무 분하고 화가 났다.

며칠 전에는 걱정했던 일이 터졌다. 조선 땅에서 일본이 청나라와 전쟁을 벌인 것이다(**청일 전쟁**). 두 나라가 전쟁을 벌이는 동안 조선 땅과 바다가 전쟁터가 되어 무참히 짓밟히고, 백성들은 큰 고통을 겪고 있다.

다시 일어나야 한다. 1차 봉기는 못된 관리를 혼내 주기 위해서였다면, 이번 2차 봉기는 조선을 차지하려는 큰 도적 일본을 쫓아내기 위함이다. 동학의 **교주** 최시형도 호랑이가 집에 들어온 격인데 앉아서 죽을 수 없으니 몽둥이라도 들고 나가서 싸우자고 했다. 백성들과 함께 떨쳐 일어나야겠다.

1894년 11월 ○일. 진눈깨비가 내리고 매섭게 추움.

조선의 농민들이 일본군을 내쫓고 나라를 지키기 위해 다시 봉기했다. 전국에서 모여든 농민군의 수가 10만 명을 넘었다.

그런데 이게 무슨 일인가! 함께 싸워도 힘이 부족한 지경인데, 조선의 관군이 일본군과 협력해 우리를 공격한 것이다. 변변한 무기하나 없는 농민군이 최신식 기관총과 대포로 무장한 관군과 일본군에 맞섰다. 우리는 쓰러져도 또 다시 일어나 죽을 힘을 다해 싸웠다.

그 중에서도 공주 **우금치**에서 벌어진 전투는 가장 치열했다. 우리는 고개를 넘기 위해 수십 번이 넘는 **결사** 항전을 벌였다. 하지만 일본군의 무기와 전투력을 당해 낼 수가 없었다. 고개를 오르는 농민군에게 일본군의 총알이 비처럼 쏟아졌다. 농민군은 죽창으로, 그것도 안 되면 맨몸으로 대항했지만, 일본군을 이길 수 없었다. 산과 들은 농민군의 시체로 뒤덮였고, 우리가 흘린 피로 냇물을 이루었다(**우금치 전투**).

7일 간의 혈투 끝에 나는 농민군의 **해산**을 명령했다. 나를 비롯한 농민군 지도자들은 후일을 기약하며 물러설 수밖에 없었다.

우금치: 지금의 충청남도 공주 지역에 있는 고개이다.

결사: 죽기를 각오하고 있는 힘을 다하는 것을 말한다.

해산: 모였던 사람이 흩어지거나 흩어지게 하는 것이다.

외세 일본은 물러가라

❂ 전봉준이 체포되어 한성(서울)으로 호송되는 모습: 붙잡히는 과정에서 전봉준은 다리를 크게 다쳐 수레에 실려 끌려갔다. 전봉준은 죽는 순간까지도 당당한 눈빛을 잃지 않았다.

역적: 나라나 민족, 통치자에게 반역한 사람을 말한다.

★ 참고 자료

새야 새야 파랑새야: 전국에 널리 알려진 전래 민요로 동학 농민 운동에서 유래했다고 전해 온다. 파랑새는 일본군, 녹두밭은 전봉준을 의미한다고 한다.

전봉준과 그를 따랐던 농민군들이 바라던 세상은 어떤 것이었을까? 그들은 부정부패를 일삼았던 관리들과 나라를 침략하는 외세를 몰아내고 모든 사람이 사람답게 사는 세상을 꿈꾸었다. 이 꿈을 이루고자 그토록 많은 목숨이 희생되었다.

전봉준은 전라도 순창에 몸을 숨겼지만, 전봉준의 목에 걸려 있는 현상금에 눈이 먼 옛 부하가 신고하는 바람에 붙잡히고 말았다. 전봉준은 한성으로 끌려가 다섯 번의 심문 끝에 사형을 선고 받고 처형 되었지만 죽는 순간까지 당당함을 잃지 않았다.

"나는 바른 길을 위해 죽는 것은 조금도 원통하지 않다. 다만 **역적**의 누명을 쓰고 죽는 것이 원통할 뿐이다."

전봉준은 순간까지 당당함을 잃지 않았다.

동학 농민군을 두려워한 일본과 전봉준에게 혼이 난 양반들은 그를 역적으로 만들어 역사에서 지우는 일에 몰두했다. 하지만, 백성들은 전봉준과 동학 농민군이 꿈꾸었던 세상을 잊지 않았다.

언제부터인가 사람들은 노래를 부르기 시작했다. 전봉준과 동학 농민군의 정신은 백성들 사이에서 오래오래 살아남았다. 그리고 백성들은 나라가 위태로울 때 의병으로, 독립군으로 다시 떨쳐 일어나 나라를 구하는 일에 목숨을 바쳤다.

새야 새야 파랑새야 ♫ 녹두밭에 앉지 마라 ♪

녹두꽃이 떨어지면 ♪ 청포장수 울고 간다 ♪

조선에서 벌어진 청일 전쟁

갑신정변 이후 청나라와 일본은 '양국 군대가 동시에 철수할 것, 이후 조선에 파병할 때 서로 알릴 것'을 약속하는 조약을 맺었어. 동학 농민군의 1차 봉기 때 조선 정부의 요청으로 청나라 군대가 조선에 들어왔고, 일본도 곧이어 군대를 보냈어. 이에 농민군은 청·일 군대의 철수를 조건으로 정부와 전주 화약을 체결했어. 하지만 두 나라 군대는 조선에서 철수하지 않고 조선을 차지하기 위한 경쟁이 청일 전쟁으로 폭발했어.

배경

동학 농민 운동 때 농민군이 관군과의 전쟁에서 연이어 승리를 거두자 다급해진 정부가 청나라에 군대를 요청했어. 청나라 군대가 조선에 들어오자, 예전에 청나라와 맺은 조약을 구실로 일본도 조선에 군대를 파견했지.

경과

◉ 청일 전쟁 중 풍도 해전 장면

동학 농민군과 조선 정부는 우선 두 나라 군대를 철수시키기 위해 협상을 벌였어. 조선 정부가 농민군의 요구를 들어주기로 하고 청나라와 일본에 군대를 철수할 것을 요청했지만 일본이 이를 받아들이지 않았지. 오히려 일본과 청나라는 조선을 두고 전쟁을 벌였어.

결과

전쟁 준비를 철저히 해 온 일본이 청나라와 싸워 크게 승리했어. 일본은 청나라에 막대한 배상금을 요구하고 청나라의 랴오둥 반도와 타이완, 펑후 섬 등을 얻었어. 이로써 일본은 청나라를 제치고 조선에 대한 지배권을 확실히 하게 되었고, 일본은 조선의 정치에 심하게 간섭하기 시작했어.

◉ 당시 러시아에서 한반도 상황을 풍자한 모습

1 다음은 동학 농민 운동과 관련된 설명이에요. 설명에 알맞은 역사 용어를 퍼즐에서 찾아 ◯로 묶어 주세요.

① 동학 농민군을 이끌고 고부 관아를 습격한 동학 농민군 지도자

② 1차 동학 농민 운동 때 농민군이 관군을 가장 크게 이긴 전투

③ 2차 동학 농민 운동 때 농민군이 관군과 일본군에게 가장 크게 패한 전투

신	전	손	김	우	최	청
돌	봉	화	개	금	시	일
석	준	중	남	치	형	전
고	황	토	현	전	투	쟁
부	조	병	갑	투	의	병

2 누리집에서 동학 농민 운동 때 농민군이 썼던 이 무기에 대해 검색했더니 나온 사진이에요. 검색어가 무엇이었는지 써 보세요.

3 다음은 동학 농민 운동을 영화로 만들기 위해 주요 사건을 정리해 놓은 것이에요. 필름 속에 있는 장면을 보면서 빈칸에 알맞은 말을 써 보세요.

 # 장면1   고부 군수, 백성을 괴롭히다

전라도 고부 군수인 조병갑은 온갖 부정을 저지르며 농민을 수탈하고, 죄를 씌워 마음대로 벌했어요. 이에 [   ]은/는 농민군을 이끌고 고부 관아를 공격했어요.

 # 장면2   전봉준, 동학 농민 운동을 이끌다

사태를 수습하기 위해 정부에서 보낸 관리가 농민군에게만 책임을 돌렸어요. 전봉준과 농민군은 다시 일어나 전라도 일대를 차지하고 전라도의 심장이라고 할 수 있는 [   ]을/를 점령했어요.

 # 장면3   동학 농민군, 집강소를 설치해 운영하다

다급해진 조선 정부는 청나라에 군대를 요청했어요. 곧이어 일본도 군대를 파견했어요. 동학 농민군은 조선 조정과 화약을 맺고 농민군은 각자 고향으로 돌아가 [   ]을/를 열어 개혁을 실시했어요.

 # 장면4   동학 농민군, 다시 일어서다

조선에서 청나라와 일본이 전쟁을 일으키자, 농민군이 다시 일어섰어요. 2차 농민 봉기의 목표는 일본을 몰아내는 것이었어요. 동학 농민군은 일본군에 맞서 치열하게 싸웠지만 [   ] 전투에서 크게 패했어요.

1 탐관오리의 횡포로 백성들의 생활이 매우 어려웠어요. 특히 고부 군수 조병갑은 온갖 방법을 동원해서 백성들을 수탈했어요. 당시 농민들의 마음은 어땠을지 상상하여 써 보세요.

tip 조병갑은 세금을 함부로 거두어들이고, 백성들에게 죄를 씌워 재산을 빼앗았어. 당시 농민들은 어떤 마음이 들었을까?

나는 불효를 저질렀다면서 다짜고짜 감옥에 가두더라고. 그러면서 어마어마한 벌금을 내라지 뭔가!

백성들을 동원해 만석보라는 저수지를 만들어 놓고, 백성들에게 물세를 내게 하다니, 말이 되는가!

아, 나는 글쎄 이웃과 화목하게 지내지 않았다고 죄를 씌워 잡혀 왔다네. 벌금을 내리는데 돈이 없으니 이렇게 매를 맞고 있어.

자기 아버지의 공덕비를 만들겠다면서 백성들에게 돈을 거두어 들였잖아.

2 동학 농민 운동 때 작성된 사발통문에 대한 텔레비전 프로그램이 진행되고 있어요. 다음 물음에 알맞은 답을 써 보세요.

tip 이름을 둥글게 빙 돌려가며 적으면 누가 첫 번째로 쓴 것인지 알 수 없지.

> 이 사발통문에는 전봉준을 비롯해 농민 봉기에 참여한 사람들의 이름이 쓰여 있어요. 또한 봉기 계획과 결의한 내용이 담겨 있어요.

농민들을 모으기 위해 작성한 사발통문

❶ 사람들이 이 문서에 이름을 둥글게 돌려가며 쓴 까닭

----

❷ 사발통문에 담을 내용은?

----

3 동학 농민군이 정부에 제시한 개혁안이에요. 개혁안을 살펴보고, 그들이 원했던 세상은 어떤 세상이었는지 써 보세요.

tip 동학 농민군의 개혁안에는 어떤 요구가 들어 있는지 살펴봐.

- 탐관오리, 못된 양반은 그 죄를 조사해 반드시 처벌한다.
- 노비 문서를 없애고, 정해진 세금 외에 잡다한 세금은 폐지한다.
- 토지를 백성들에게 공평하게 나눠 주어 농사 짓게 한다.
- 일본에 협력하는 사람은 엄히 벌한다.

동학 농민군이 바라던 세상은

----

4 동학 농민군의 세력이 커지자 조정은 청나라에 군대를 요청했어요. 이 일로 조선에서 어떤 일이 벌어지게 되었는지 써 보세요.

----

5 전봉준이 처형된 후 사람들 사이에 '새야 새야 파랑새야'라는 노래가 불려졌어요. 이 노래에 담긴 백성들의 마음은 무엇인지 자신의 생각을 써 보세요.

tip 사람들은 노래를 부르면서 전봉준을 그리워하고 기억하려고 했을 거야.

새야 새야 파랑새야 녹두밭에 앉지 마라

녹두꽃이 떨어지면 청포장수 울고 간다

새야 새야 파랑새야 전주 고부 녹두새야

어서 바삐 날아가라 댓잎 솔잎 푸르다고

하절인줄 알았더니 백설이 펄펄 엄동설한이 되었구나

하절은 여름철,
엄동설한은 눈 내리는
한 겨울의 심한 추위를 말해.

★ 조선은 개항을 전후해 여러 분야에서 큰 변화를 겪었어요. 외세의 침략으로 바람 앞에 등불 같은 위기를 맞기도 했지만, 새로운 세상을 열기 위해 노력했죠.

다음은 조선이 근대 사회로 나아가는 과정에 있었던 우리 역사의 발자취예요. 사다리를 타고 내려가 알맞은 역사 인물이나 사건, 나라 이름을 써서 완성하세요.

▶〈가이드북〉 14쪽에 답이 있어요.

5 일본, 명성 황후를 시해하다

 이때는 말이야~

5-2 2. 사회의 새로운 변화와 오늘날의 우리
② 일제의 침략과 광복을 위한 노력

청일 전쟁이 끝난 후
청나라가 일본에게
막대한 배상금을 물고, 랴오둥 반도
등을 넘겨 주기로 한 조약이야.

시모노세키 조약 체결

1895. 4.

일본이 감히
조선의 황후를
시해하다니!

을미사변

1895. 10.

러시아가 프랑스, 독일과 손잡고
일본을 압박해서 일본이 청나라로부터
넘겨받은 랴오둥 반도를
다시 돌려주게 했대.

1895. 4.
삼국 간섭

내 목을 자를지언정
상투를 자를 수는 없다!

아관파천
1896. 2.

고종이 러시아
공사관으로 피신을
갔어.

1895. 12.
단발령 시행

러시아 공사관

1897. 10.
대한 제국 수립

○━ 키워드

일제

日 날 **일**

帝 임금 **제**

'일본 제국주의' 또는
'일본 제국'을 줄인
말로, 자기 나라의 이
익을 위해 여러 나라
를 침략한 일본을 일
컫는 말이다.

★ 참고 자료

**삼국 간섭에 담긴 러시
아의 속셈:** 러시아 역시
조선을 탐내는 나라 중
하나였다. 러시아는 겨
울에 매우 추워서 항구
가 얼어붙었는데 겨울에
도 얼지 않는 조선의 항
구를 탐냈다. 그러던 중
조선에서 일본의 세력이
커지자, 이를 막기 위해
삼국 간섭을 주도했다.

궁녀: 궁궐에서 왕과 왕
비를 가까이 모시는 여
인을 말한다.

저는 **명성 황후**를 모셨던 궁녀예요. 지금부터 제가 들려줄 이야기
는 일본이 저지른 만행에 관한 것이에요.

1895년, 청일 전쟁이 끝난 지 얼마 되지 않았을 때였어요. 궁궐 사
람들은 모이기만 하면 목소리를 낮추어 수군거렸어요.

"일본이 청나라한테 랴오둥 반도를 돌려줬다는 얘기 들었어?"

"랴오둥 반도라면 청일 전쟁에서 승리한 **일제**가 청나라로부터 받
은 땅이잖아. 그걸 다시 돌려줬다고? 왜?"

"조선에서 일본 세력이 커지는 걸 걱정했던 러시아가 프랑스, 독일
과 손잡고 일본을 압박했대. 그래서 일본이 겁을 집어먹고 랴오둥
반도를 청나라에 돌려줬다는 거야. 사람들이 이 사건을 '삼국 간섭'
이라고 부르더라고."

"그럼 러시아가 일본보다 힘이 더 센 거네."

러시아는 전쟁도 불사하겠다는 의지로 밀어붙였고 일본은 세 나라
와 한꺼번에 전쟁을 벌일 자신이 없었기 때문에 결국 랴오둥 반도를
포기했어요.

고종과 명성 황후는 이러한 국제 상황을 눈여겨보았어요.

어느 날, 명성 황후는 측근 인사들을 궁궐로 불러들였어요.

"이제 조선이 기댈 나라는 러시아 뿐이오. 고종 임금과 나를 꼭두 각시로 만들어 이 나라를 집어삼키려는 일본을 견제하려면 러시아와 손을 잡아야 하오."

명성 황후는 조선 조정을 **친러파**로 채운 다음, 러시아와 가깝게 지냈어요. 이로 인해 일본은 조선에서 세력이 약해질 것을 걱정하였고, 그게 모두 명성 황후 때문이라며 이를 갈았어요.

그러던 어느 날, 끔찍한 일이 벌어지고 말았어요. 한밤중에 총과 칼로 무장한 일본인들이 사다리를 타고 경복궁으로 침입한 거예요. 그들은 명성 황후를 찾아다니며 경복궁을 쑥대밭으로 만들었어요.

"왕비가 어디 있는지 말해라. 말하지 않으면 다 죽여 버리겠다."

일본인 무리가 조선의 신하와 궁녀들을 위협하거나 죽여 궁궐 안은 정말 공포스러운 분위기였어요. 저는 명성 황후를 모시고 두려움에 벌벌 떨고 있었지요. 바로 그때 일본인들이 명성 황후의 **거처**인 옥호루로 들이닥쳤어요.

친러파: 러시아와 친하게 지내거나 러시아를 돕는 사람 또는 집단을 말한다.

거처: 일정하게 자리를 잡고 머무는 곳을 말한다.

◐ 명성 황후가 시해되었던 경복궁 안의 건청궁 옥호루(서울특별시 종로구)

을미사변

乙	둘째 천간 을
未	여덟째 지지 미
事	일	사
變	변할	변

1895년(을미년)에 일본이 명성 황후를 시해한 사건이다. 일본은 조선의 왕비를 시해하는 일에 '여우 사냥'이라는 작전명까지 붙여 만행을 저질렀다.

★ **참고 자료**

명성 황후는 어떻게 생겼을까?

여러 나라의 주목을 받고 있었던 명성 황후는 위험에 처할 것을 염려해 평소에 얼굴을 노출하지 않으려고 아주 조심했다고 한다. 그래서 명성 황후라고 추측만 할 뿐 확인된 사진은 아직 없다.

시해: 왕이나 왕비 등 윗사람을 죽이는 것을 말한다.

"누가 조선의 왕비냐?"

일본인들이 번쩍거리는 칼을 들이대며 겁을 주었어요. 그들은 명성 황후의 얼굴을 잘 모르는 것 같았어요.

"말하지 않으면 여기 있는 궁녀들을 모조리 죽여버리겠다."

날이 밝아오자 초조해진 일본인들이 수많은 궁녀들을 짓밟고, 머리채를 잡고, 칼로 베어 쓰러뜨렸어요. 결국 명성 황후도 일본인들의 칼을 맞아 무참하게 **시해**되셨지요. 이 사건을 **을미사변**이라고 해요.

끔찍한 짓은 거기에서 멈추지 않았어요. 일본인 무리 중 한 명이 초상화 한 장을 꺼내더니, 명성 황후의 시신을 밖으로 들고 나갔어요. 그리고 얼마 뒤, 시해의 증거를 없애기 위해 명성 황후의 시신에 불을 질러 훼손시켰어요. 아, 그때 그 참혹했던 장면은 죽을 때까지 못 잊을 거예요.

나중에 밝혀진 사실이지만, 이 끔찍한 사건은 일본 공사 미우라가 주도해 벌인 것이었어요. 그런데 이들은 뻔뻔하게도 이 사건을 흥선 대원군이 일으킨 일이라고 했지요. 하지만 세상 사람들은 모두 일본이 꾸민 일이라는 걸 알고 있었어요.

저는 그때 간신히 살아남아 고종 임금님을 모시는 궁녀가 되었어요.

"한 나라의 황후를 그렇게 처참하게 시해하다니!"

"일본이 자기들이 한 짓이 아니라고 딱 잡아뗐다면서?"

⊙ **명성 황후를 시해한 일본인들**: 신문사 기자, 정치인, 경찰 등 대부분이 일본의 지식인들이었다.

"그럼 뭐해? 칼을 찬 일본인들이 새벽에 궁궐을 빠져나오는 걸 목격한 사람이 얼마나 많은데!"

"여러 나라가 일본을 비난하자, 경복궁에 침입한 것은 일본 떠돌이 **무사**라고 발뺌했다는군. 일본 정부 책임이 아니라는 거지."

무사: 무예를 익혀 그 방면의 일을 하는 사람을 말한다.

"떠돌이 무사라고? 일본 공사 미우라가 조선 침략을 주장하던 자들을 동원한 거라던데. 일본 정부가 치밀하게 계획해서 벌인 일이 틀림없다고."

"그 날 일본놈들이 임금님 두 팔을 붙잡고 명성 황후가 있는 곳을 대라며 위협까지 했대."

"아무리 나라가 힘을 잃었다지만, 어떻게 이럴 수 있단 말인가?"

사람들은 일본이라는 말만 나와도 치를 떨었어요.

斷 끊을 **단**

髮 터럭 **발**

令 명령 **령**

'상투를 자르라'는 명령을 말한다. 단발령이 실시되면서 조선인들이 이발을 하고 양복을 입게 되었고, 일본 기술자들이 많은 돈을 벌기도 했다.

친일 인사: 일본과 친하게 지내며 일본을 돕는 사람들을 말한다.

내각: 나라의 행정권을 담당하는 최고 합의 기관이다.

명성 황후를 시해한 일제는 단번에 조선 조정을 장악했어요.

궁궐 안에는 칼을 찬 일본 군사들이 마음대로 돌아다녔고, 임금님 주위에는 **친일 인사**들로 가득 채워져 임금님의 뜻대로 할 수 있는 일이 없었지요.

일본은 곧 조선 조정에 꼭두각시 **내각**을 세워 여러 개혁을 실시했어요. 그 중 조선 사람들을 가장 화나게 했던 정책은 **단발령**이었어요. 위생에 이롭고 활동하기 편리하다는 이유로 단발령을 밀어붙였지만, 일제가 친일 내각을 앞세워 우리 민족정신을 없애려고 한다고 생각하는 사람들이 많았어요.

며칠 후, 저는 임금님의 심부름으로 궁궐 밖으로 나왔는데, 그때 단발령에 반발하던 백성들의 모습을 보았어요.

"네 이놈! 내 머리는 자를지언정, 상투를 자를 수는 없다!"

백성들이 강하게 저항했지만, 일본 순사들은 길을 오가는 백성들을 끌고 가 상투를 가위로 뎅겅 잘랐어요. 상투가 잘린 채 길바닥에 망연자실 앉아 있는 사람, 눈물을 흘리며 잘린 상투를 싸 들고 가는 사람 등 처참한 사람들의 모습을 보면서 저도 함께 울었어요.

그리고 얼마 뒤, 조선 백성들이 활화산처럼 폭발했어요.

"**국모**를 죽인 원수를 갚자. 신체와 머리카락은 부모로부터 물려받은 것이니 함부로 자를 수 없다."

명성 황후 시해 사건으로 일본에 대한 분노가 높아져 있던 차에 단발령이 강제로 실시되자, **의병**이 일어났어요.

전국 곳곳에서 의병들이 들고 일어서자 일본도 당황했어요. 일본은 의병이 더 확산되는 것을 막으려고 한성(서울)을 지키던 군사들까지 지방으로 내려보냈어요. 그 바람에 임금님에 대한 일본의 감시가 소홀해졌지요. 한동안 일본 세력에 의해 손발이 꽁꽁 묶여 있었던 임금님의 눈빛이 오랜만에 반짝 빛이 났어요.

하긴, 을미사변 이후 임금님은 매일매일 불안해하셨어요. 임금님은 궁궐에서 만든 음식에 독이 들었을까 봐 눈 앞에서 갓 딴 통조림이나 막 깬 달걀이 아니면 드시지도 않았어요. 일본이 명성 황후처럼 자신을 죽일지도 모른다는 두려움에 떨고 계셨던 것 같아요.

국모: 임금의 아내나 임금의 어머니를 말한다.

의병: 나라가 외침으로 인해 위태로울 때 자발적으로 일어나 싸웠던 병사를 말한다.

아관파천

俄	갑자기	아
館	기관	관
播	씨뿌릴	파
遷	옮길	천

고종은 을미사변 이후 자신의 안전을 지키고 일본의 영향력에서 벗어나고자 러시아 공사관(아관)으로 몸을 피해 1년간 머물렀다. 그 동안 친러파가 조선 정권을 장악했다.

공사관: 국가를 대표하여 파견되는 외교 사절이 사무를 보는 곳을 말한다.

이권: 사업 등을 벌여서 이익을 얻을 수 있는 권리를 말한다.

어느 날, 한밤중에 임금님이 우리를 조용히 부르셨어요.

"여기에 더 머물다가는 나도 곧 일본에게 죽임을 당할지도 모른다. 며칠 후에 러시아 **공사관**으로 몸을 피할 것이다. 러시아가 일본을 경계하니, 나와 조선을 도와 줄 것이다. 조용히 준비하라."

그 후 우리는 은밀하게 궁궐을 빠져나갈 준비를 했어요.

1896년 2월 11일 새벽, 우리는 임금님과 세자 저하를 궁녀의 가마에 태우고 궁궐을 몰래 빠져나왔어요. 일본군에게 들킬까 봐 얼마나 조마조마했는지 몰라요. 다행히 일본의 경계를 피해 우리는 무사히 러시아 공사관에 도착했어요(**아관파천**).

하지만 다른 나라 공사관으로 피신한 임금님께 무슨 힘이 있겠어요? 러시아는 이 기회를 놓치지 않고 임금님께 압력을 가해 여러 가지 **이권**을 챙겼어요. 러시아도 일본처럼 조선을 집어삼키려는 검은 속셈을 가지고 있기는 마찬가지였지요. 나라가 위태롭다고 느낀 조선의 많은 신하들이 임금님께 궁궐로 돌아와 달라는 상소를 거듭 올렸어요.

아, 우리 조선의 앞날은 어떻게 될까요?

러시아 공사관

자, 아래 지도를 좀 볼래? 이건 고종이 러시아 공사관에 머무르는 동안 러시아를 비롯한 서양 여러 나라들이 조선에 들어와 차지한 경제적 이권들을 표시해 놓은 지도야. 일본, 러시아, 미국, 영국, 독일, 프랑스 등 세계 열강들은 조선의 광산에서 광물을 캐낼 권리, 철도를 설치할 권리, 전화나 전차를 설치할 권리, 삼림을 베어 팔 권리 등을 헐값에 넘겨받았어. 이들은 조선에서 각종 사업을 벌여 마음껏 이익을 내고, 많은 이익을 가져갔단다.

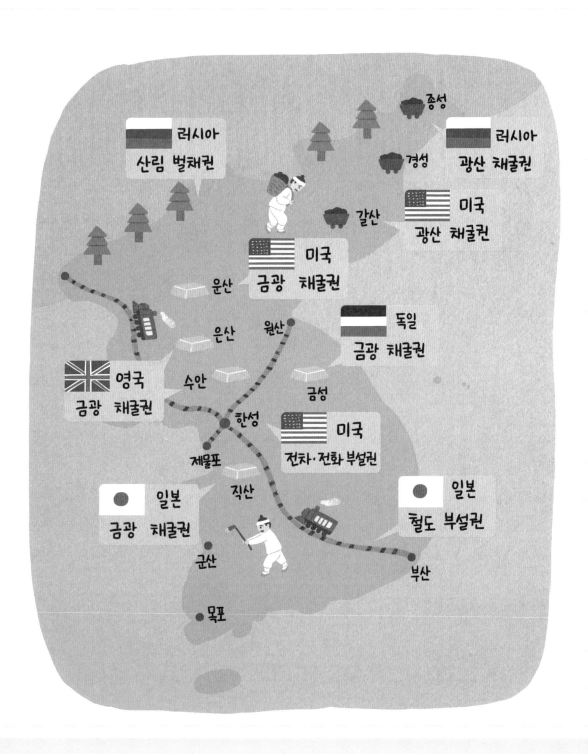

history Point

1 나는 외교적인 노력으로 조선에 대한 일본의 간섭을 막으려고 했던 인물이에요. 다음 힌트를 보고 내가 누구인지 맞혀 보세요.

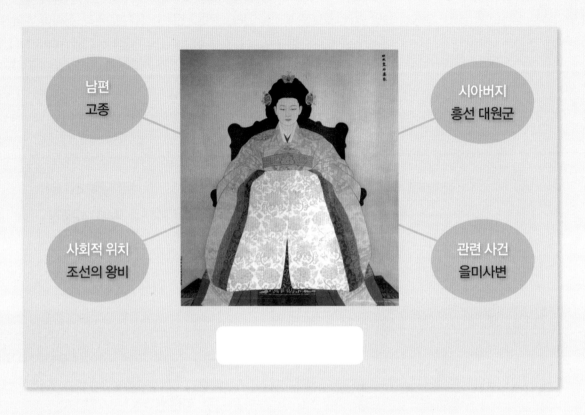

남편
고종

시아버지
흥선 대원군

사회적 위치
조선의 왕비

관련 사건
을미사변

2 다음 ( ) 안에 알맞은 나라를 보기 에서 찾아 쓰세요.

보기   러시아   일본   미국   프랑스   독일

❶ 명성 황후는 ( ) 세력을 끌어들여 일본의 간섭을 막으려고 했다.

❷ ( )은/는 경복궁에 침입해 명성 황후를 시해하는 만행을 저질렀다.

❸ 명성 왕후가 시해된 후 고종은 ( ) 공사관으로 몸을 피했다.

3 다음은 조선 말에 있었던 사건을 카드 뉴스로 만든 것이에요. 빈칸에 알맞은 말을 써 보세요.

❶ 명성 황후가 [   ]을/를 견제하기 위해 러시아와 손잡기로 했다는 소식입니다. 조선에서의 영향력이 약해질까 봐 [   ] 이/가 전전긍긍하고 있다는군요.

❷ 칼을 찬 일본인들이 경복궁을 습격해 [   ]을/를 무참히 시해했습니다. 이 사건을 [   ] (이)라고 합니다. 일본은 자신들이 한 일이 아니라고 딱 잡아뗐지만, 수많은 목격자들의 증언이 잇따르고 있습니다.

❸ 고종이 일본의 감시를 피해 궁녀의 가마를 타고 [   ] (으)로 거처를 옮겼다고 합니다. 을미사변 이후, 불안에 떨던 고종은 러시아의 도움을 받고자 피신한 것으로 보입니다.

1 러시아가 프랑스, 독일과 손잡고 일본을 압박해 일본이 청나라에게 랴오둥 반도를 돌려주었어요. 당시 이 국제 뉴스를 접한 명성 황후는 어떤 생각을 했을까요?

tip 당시 고종과 명성 황후는 조정에서 일본 세력이 커지는 것을 염려했어.

랴오둥 반도를 다시 청나라한테 돌려 줘!

네.

프랑스

청

러시아

일본

독일

일본이 러시아의 압박에 꼼짝을 못하는군. 그렇다면

2 일본은 공사관과 일본군 지휘관 등을 앞세워 명성 황후를 시해했어요. 이들은 왜 이런 끔찍한 짓을 저지른 것일까요?

3 일본이 조선 정부에 강요해 단발령을 실시했어요. 일본이 강요와 협박까지 해가며 단발령을 실시한 까닭은 무엇일까요?

tip 당시 조선 백성들은 신체와 머리털은 부모로부터 물려받은 것이므로 함부로 훼손해서는 안 된다고 생각했어.

4 을미사변과 단발령 실시에 반발해 전국적으로 의병이 일어났어요. 내가 당시에 의병장이라면 백성들을 모아 놓고 어떤 연설을 했을까요?

tip 을미사변과 단발령 배후에는 일본이 있었어.

5 고종의 아관파천에 대해 여러 친구들이 토론하고 있어요. 나는 어떤 친구의 의견에 동의하나요? 그 친구의 의견을 지지해 주세요.

tip 을미사변 후 고종은 일본에 대한 두려움이 더욱 커졌어.

러시아 공사관

한 나라의 임금이 궁궐을 버리고 다른 나라 공사관으로 피신 하다니, 비겁해!

지우

궁궐에 있었으면 일본이 명성 황후처럼 고종을 시해했을지도 몰라. 난 어쩔 수 없는 선택이었다고 생각해!

시윤

러시아 공사관으로 일단 피한 다음, 나라를 다시 일으켜 세울 준비를 하려고 했을 거야.

소미

나는 ＿＿＿＿＿＿의 의견에 동의해.

＿＿＿＿＿＿＿＿＿＿＿＿＿＿＿＿＿＿＿＿＿＿＿＿＿＿

＿＿＿＿＿＿＿＿＿＿＿＿＿＿＿＿＿＿＿＿＿＿＿＿＿＿

6 고종은 일본과 서양 열강에게 조선의 여러 가지 이권을 넘겨 주었어요. 내가 만약 조선의 신하라면 이러한 상황에서 고종에게 어떤 상소를 올릴지 써 보세요.

tip 외국 세력들이 조선에서 헐값에 이권을 넘겨받아 이익을 챙겨 갔으며 조선의 산업 발전을 막았어.

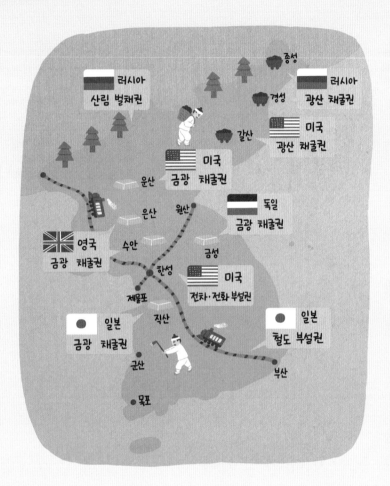

상소문

전하, 다른 나라에 조선의 이권을 넘기면 아니 되옵니다.

----

6 독립신문, 한 장에 한 푼이오!

 이때는 말이야~

5-2 2. 사회의 새로운 변화와 오늘날의 우리
② 일제의 침략과 광복을 위한 노력

갑신정변이 실패하면서
일본으로 망명했던 내가
왜 조선으로 돌아왔는지
알려 줄게.

독립 협회 설립

서재필 귀국
1895. 12.

1896. 7.

1896. 4.
『독립신문』 창간

조선의 자주독립을 지키기
위해 개화파 사람들과
정부의 관료가 모여
독립 협회를 세웠어!

독립신문

대한 제국은
자주독립 국가임을
선포하노라!

백성들이 성금을
모아 독립을 상징하는
독립문을 세웠지!

독립문 설립
1897. 11.

일반 백성도 정부 정책을
비판할 수 있다!

1897. 10.
대한 제국 선포

1898. 3.
제1회 만민 공동회

⊙ 서울 독립문

키워드

독립신문

獨	홀로	독
立	설	립
新	새로울	신
聞	들을	문

한글판과 영문판으로 되어 있어서 조선의 사정을 외국에, 외국의 사정을 조선에 알리는 역할을 했다.

창간: 신문, 잡지 따위의 정기 간행물의 첫 번째 호를 펴내는 것을 말한다.

◎ 『독립신문』

1895년 12월, 미국인 필립 제이슨이 조선 땅에 도착했어요. 그의 원래 이름은 서재필이에요. 서재필은 갑신정변이 실패한 뒤, 일본으로 망명했다가 곧 미국으로 건너갔어요. 낮에는 도서관에서 일하고 밤에는 의과 대학에 다니며 공부해 의사로 성공했답니다. 11년 만에 조선으로 돌아 온 서재필이 고종을 만났어요.

"신문을 **창간**하려고 합니다. 나라에서 지원해 주십시오."

"그대는 의사인데, 왜 병원이 아닌, 신문을 만들려고 하는가?"

고종이 의아하다는 듯 물었어요.

"미국에 살면서 언론의 힘이 얼마나 큰지 알게 되었습니다. 지금 조선에 가장 시급한 것은 개화 정책을 널리 알려 백성들을 깨치고 나라의 독립을 지키는 것입니다. 백성들이 자주독립에 대한 의식을 갖는다면, 여러 강대국의 침략으로부터 나라를 지킬 수 있습니다."

서재필의 굳은 결심에 고종은 서재필을 지원하기로 약속했지요. 그리고 1896년 4월 7일, 드디어 우리나라 최초의 민간 신문인 『**독립신문**』이 창간되었어요.

『독립신문』은 한자를 모르는 백성들을 위해 순 한글로 나라 안 팎의 소식을 실었고, 외국인들을 위해 영어판도 만들었어요. **서 재필**은 신문에 **사설**을 직접 썼는데, 조선이 자주적인 나라가 되 기 위해서는 백성들 모두가 교육을 받아 무지함에서 벗어나야 한 다고 강조했어요. 또한 서양의 과학 기술을 도입해 산업을 발전 시켜야 한다고도 주장했지요.

『독립신문』은 나오자마자 그야말로 인기 폭발이었어요.

"한글로 되어 있으니, 한자를 모르는 백성들도 읽을 수 있군."

"띄어쓰기도 되어 있어서 얼마나 읽기가 편한지 몰라. 요즘『독 립신문』안 읽으면 사람들 얘기에 낄 수가 없다고!"

"신문을 보니, 세상이 어떻게 돌아가는지 훤히 보이는군."

"서재필 선생이 쓴 글을 보니, 백성들이 깨어 있어야 한대. 세계 열 강들이 조선에 군침을 흘리고 있는데, 우리 백성들이 가만히 있어 서야 되겠나. 나라를 위해 백성들이 나서야 해."

조선의 백성들은『독립신문』을 보면서 눈과 귀가 열렸어요. 나라를 지켜야겠다는 의지도 불끈 생겨났지요.

⊙ **서재필:** 갑오개혁으로 급진 개화파에 대한 역적 죄명 이 벗겨지고 정부의 요청으 로 조선에 돌아왔다. 나라 의 독립을 지키기 위한 여 러 가지 활동을 폈다.

사설: 신문이나 잡지에 서. 글쓴이의 주장이나 의견을 써내는 글을 말 한다.

『독립신문』 덕분에 백성들의 의식이 높아지자, 서재필은 정부 관료, 개화파 인사들과 함께 **독립 협회**를 만들었어요. 그리고 곧바로 **독립문**을 세우는 일을 추진했어요.

당시 서대문에는 중국 사신을 맞이하던 영은문이 있었어요. 서재필은 영은문을 바라보면서 결심했어요.

"청나라와의 관계를 끊어야 조선이 스스로 설 수 있어. 영은문을 헐어내고 그 자리에 조선 독립의 상징물을 세워야겠어."

서재필은 곧『독립신문』을 통해 독립문을 세운다는 소식을 전하면서 모금 운동을 벌였어요. 그러자 나라의 관리 및 개화파 인사들은 물론 많은 백성들이 한 푼 두 푼 아껴 둔 쌈짓돈을 꺼내 모금 운동에 참여했어요.

◉ **독립문**: 나라의 독립을 지키겠다는 뜻으로 '독립문'이라고 이름지었다. 왼쪽에 보이는 두 개의 돌기둥은 영은문의 주춧돌이다.

"그 동안 청나라가 조선을 만만히 보았지."

"청나라 사신들은 또 얼마나 거들먹거렸고. 영은문을 부순다니, 속이 다 후련하네."

1897년 11월, 드디어 독립문이 완성되었어요. 백성들은 기뻐서 얼싸안고 춤을 추었어요. 우뚝 선 독립문을 보니, 서재필도 마음이 뭉클했는지 눈시울을 적셨지요.

대한 제국은 황제의 나라로써 중국과의 사대 관계를 끊고, 서양, 일제의 간섭에서 벗어난 자주독립국이다.

한편, 나라에 정말 큰 경사가 생겼어요.

『독립신문』과 독립 협회 활동으로 자주독립에 대한 열망이 높아진 조선 백성들은 고종이 궁궐로 돌아와야 한다고 주장했어요.

"임금이 남의 나라 공사관에 일 년째 머물고 있다니 말이 안 돼."

"그 틈에 러시아 사람들이 조선의 이권을 얼마나 챙겨갔나!"

1897년 2월, 드디어 고종이 러시아 공사관에서 나와 경운궁(지금의 덕수궁)으로 돌아왔어요. 궁궐로 돌아온 고종은 곧 큰 결심을 했어요.

"땅에 떨어진 나라의 위엄을 되살리는 일부터 시작하겠다."

1897년 10월 12일, 고종은 **환구단**에 올라 백성들을 향해 선포했어요.

"조선은 이제 황제의 나라로 다시 태어났다. 그 이름을 **대한 제국**이라 할 것이다."

"만세! 대한 제국 만세! 황제 폐하 만세!"

백성들은 감격에 겨워 울먹이며 만세를 불렀어요. 서재필도, 독립 협회 회원들도 기쁨의 만세를 불렀어요.

대한 제국		
大	큰	대
韓	나라	한
帝	임금	제
國	나라	국

고종은 아관파천 이후 경운궁으로 돌아와 나라 이름을 '대한 제국'으로 바꾸었다.

◎ 환구단: 하늘에 제사를 드리던 곳으로, 고종이 이곳에서 대한 제국을 선포하고 황제 즉위식을 올렸다. 고종은 청나라를 비롯해 일제와 서양 여러 나라의 간섭에서 벗어나 대한 제국이 세계 모든 나라와 동등한 독립 국가가 되었음을 상징적으로 보여주고자 했다.

만민 공동회의 성과: 만민 공동회를 통해 누구나 조선의 정치, 사회 문제에 대해 비판할 수 있었다. 고종에게 의회 설립을 포함한 정치 개혁안을 건의해 승인받기도 하는 등 민중의 힘을 경험했다.

고문: 어떤 분야에 있어 전문적인 지식과 풍부한 경험을 가지고 자문에 응하여 의견을 제시하고 조언하는 직책을 말한다.

절영도: 1897년, 러시아가 석탄 저장 창고를 만든다며 부산 절영도를 일정 기간 빌려 달라고 요구했다. 조선 정부가 이를 허락하려고 하자 만민 공동회가 저항해 무산되었다.

서재필은 백성들이 나랏일에 자기 생각을 표현할 수 있는 길을 여는 일에도 앞장섰어요. 독립 협회에서는 수시로 강연회와 토론회를 열었는데, 정부 관료, 유학 다녀온 청년뿐만 아니라 상인, 학생 등 누구나 참여해서 자기 생각을 말하고 다른 사람들과 토론했어요. 이 토론회를 '**만민 공동회**'라고 해요.

처음에는 독립 협회가 만민 공동회를 주도했지만, 점차 백성들이 스스로 이끌어 나갔어요. 이 자리에서는 정부 정책을 비판하기도 하고, 자주 독립을 지키기 위한 방법들이 논의되기도 했어요.

1898년, 서울 종로에서 열린 만민 공동회에는 1만 명이 넘는 백성들이 모여 큰 성과를 이루어 냈어요.

"소식 들었나? 러시아 군사 교관과 재정 **고문**이 조선에서 철수한대."

"러시아가 부산 **절영도**를 빌려 달라고 압박해 왔는데 그것도 취소했다더군. 우리 백성들의 요구가 받아들여졌어."

"앞으로도 우리 백성들이 앞장서서 조선을 욕심내는 외세로부터 나라를 지키고, 잘못된 나라의 정책을 바로잡자고!"

조선 백성들은 그 어느 때보다 활기차 보였어요.

그런데 언제부터인가 고종의 귀에 불편한 얘기가 들려왔어요.

"폐하, 독립 협회가 백성들을 선동해 폐하를 황제 자리에서 몰아내고 대통령이 다스리는 나라를 만들려고 한답니다."

'독립 협회의 세력이 지나치게 커졌어.'

고종은 점점 영향력이 커지는 독립 협회가 두려워졌어요. 그러던 참에 독립 협회가 자신을 황제 자리에서 끌어내리려고 한다는 얘기를 듣자 며칠 동안 잠을 못 이루었어요. 실은 황제 측근들이 독립 협회를 못마땅하게 여겨 독립 협회를 **모함**한 것인데 말이에요.

얼마 뒤, 몽둥이를 든 패거리가 만민 공동회를 습격했어요. 이들은 시장을 돌아다니며 물건을 사고파는 보부상들이었는데, **황국 협회**에 가입된 사람들이었어요. 이 사건에 대해 독립 협회가 만민 공동회를 열어 강력히 항의하자, 고종은 독립 협회와 만민 공동회를 강제로 **해산**시켰어요.

서재필은 다시 조선 땅을 떠나는 신세가 되었지요. 미국으로 떠나면서 서재필은 이런 말을 남겼어요.

"내가 씨를 뿌렸으니, 내가 떠난 뒤에라도 거둘 이가 있으리라."

★ **참고 자료**

황국 협회: 1898년에 이기동, 홍종우 등이 보부상을 회원으로 가입시켜 만든 단체이다. 이들은 독립 협회의 활동을 방해하고 정부 정책을 지지했다.

모함: 나쁜 꾀로 남을 어려운 처지에 빠지게 하는 것을 말한다.

해산: 모였던 사람들을 흩어지게 하는 것이다.

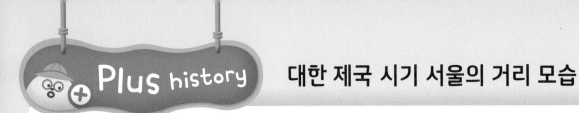
대한 제국 시기 서울의 거리 모습

고종은 대한 제국을 선포한 뒤, 근대 국가로 나아가기 위해 여러 개혁을 추진해 나갔어. 상공업을 발전시키기 위해 공장이나 회사를 세우고, 은행도 만들었어. 또한 학교와 병원도 세웠지. 이후 조선은 근대 사회의 모습을 갖추어 갔지. 100여 년 전, 서울의 거리를 봐. 서양식 건물이 들어서고, 전차, 기차가 철로를 달리고 있어. 서양식 옷차림을 한 신사와 숙녀가 커피를 마시러 가나 봐. 세상이 완전히 달라진 것 같지 않아?

전화

서양식 건물

신식 학교와 신식 교육

하지만 새로운 변화가 마냥 좋았던 것만은 아니야. 갑작스러운 변화에 두려움을 느끼는 사람도 있었고, 철로와 전차를 만드는 일에 불려나가 고생하기도 했어. 심지어 전차에 아이가 깔려 죽는 일까지 발생했다지 뭐야.

근대 문물을 도입하는 데 외국의 힘을 너무 많이 빌린 것도 문제였어. 사실 외국 세력들은 조선에서 많은 이익을 가져가려고 철도, 우편, 전신 등을 놓았던 거거든.

history Point

1 다음 힌트를 보고, 내가 누구인지 맞혀 보세요.

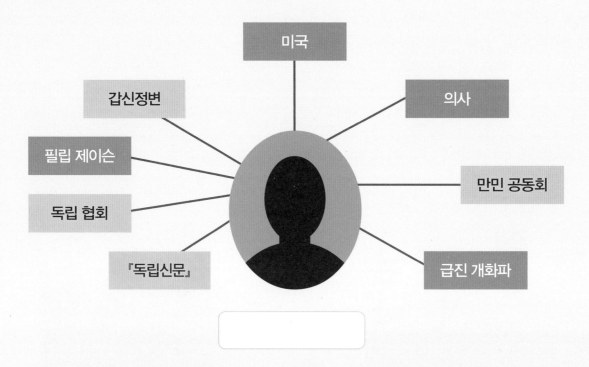

미국

갑신정변

의사

필립 제이슨

만민 공동회

독립 협회

『독립신문』

급진 개화파

2 러시아 공사관에서 경운궁으로 돌아온 고종은 큰 결심을 했어요. 어떤 일들을 했는지 빈칸에 알맞은 말을 써 보세요.

❶ 고종은 [   ]에서 새

로운 나라를 선포했어요.

❷ 나라 이름을 [   ]

(이)라 하고 [   ] 즉위식

을 가졌어요.

3 서재필이 미국에서 조선으로 돌아와 어떤 일들을 했나요? 다음을 보고 빈칸에 알맞은 말을 써 보세요.

❶ 조선에 돌아온 서재필은 먼저 우리나라 최초의 민간 신문인 [   ]을/를 창간해 나라의 정책과 여러 나라에 관한 소식을 실었다. 한문을 모르는 백성들을 위해 [   ](으)로 만들었고, 외국인들을 위해 영문판도 만들었다.

❷ 서재필은 신문 창간에 이어 정부 관리와 이상재, 윤치호 같은 개화파 인사들과 함께 [   ]을/를 설립했다. 이 단체에서는 나라의 자주독립을 이루자는 목표로 활동했다.

❸ 서재필은 청나라의 간섭으로부터 벗어나 자주독립을 이루어야 한다고 생각했다. 그래서 청나라 사신을 맞이했던 문인 [   ]을/를 헐고 그 자리에 독립을 상징하는 [   ]을/를 세웠다.

❹ 서재필은 독립 협회를 중심으로 백성들이 나라의 일에 참여할 수 있는 길을 열어 주었다. [   ](이)라는 토론회를 열어 나라의 정책과 이권을 빼앗아가는 러시아를 비판하기도 했다.

1 서재필이 조선에 돌아와 가장 먼저 한 일은 신문을 만든 것이었어요. 이 신문에 대해 답해 보세요.

> **tip** 서재필은 미국에서 지내는 동안 백성들을 계몽하려면 무엇보다 언론의 힘이 중요하다는 것을 깨닫게 되었어.

❶ 최초의 민간 신문인 이 신문의 이름은? (   )

❷ 기사를 순 한글로 표기한 까닭은?

----

❸ 영문판을 만든 까닭은?

----

2 서울 종로에서 대규모 만민 공동회가 열렸어요. 다음 상황을 보고, 내가 연설자라면 어떤 주장을 펼칠지 써 보세요.

tip 조선 백성들은 만민 공동회를 통해 개혁의 필요성을 널리 알리고, 열강들의 이권 침탈을 비판했어.

조선보다 북쪽에 위치한 러시아는 겨울이면 매우 추워 항구가 얼곤 했다. 러시아는 겨울에도 자유롭게 교역하기 위해 얼지 않는 항구가 필요했다. 러시아는 부산 절영도를 자기네 해군의 석탄 저장 기지로 탐냈다. 그래서 조선 정부에게 빌려 달라고 거듭 요구했다. 조선 정부는 러시아의 압력에 못 이겨 이를 허락해 주려고 했다. 하지만 이 사실이 알려지자 대한 제국의 백성들은 크게 분노했고, 만민 공동회에서도 이 내용으로 연설과 토론이 벌어졌다.

나는 오늘 러시아의 조선 침략을 비판하기 위해 이 자리에 나왔습니다.

3 고종은 개항 이후 들어오기 시작한 서양 문물을 더욱 적극적으로 받아들여 대한 제국을 근대 국가로 발전시키고자 했어요.

tip 조선에 전기가 들어오고 거리의 모습이 많이 바뀌었어. 옷차림도 달라졌지.

❶ 위 그림에서 당시 우리나라에 들어온 근대 문물을 모두 찾아 ○표 하고 근대 문물의 이름을 써 보세요.

❷ 새로운 문물 중 그림의 ㉠을 접한 조선 백성들이라고 생각하고 어떤 마음이 들었을지 써 보세요.

4 대한 제국은 서양 열강의 간섭 속에서도 자주독립과 근대화를 이루기 위해 노력했어요. 가상으로 꾸민 역사 신문을 완성해 보세요.

tip 홍종우 등이 보부상들을 회원으로 가입시켜 황국 협회를 만들고 독립 협회 활동을 방해했어.

대한 제국 신문

특종

사설 독립 협회가 고종 황제께 아뢰는 글

독립 협회가 고종을 황제의 자리에서 끌어내릴지도 모른다는 소문이 도는 가운데 보부상들로 이루어진 이들이 만민 공동회를 습격해 다툼이 일어났다. 독립 협회가 이에 항의하자, 고종 황제는 독립 협회와 만민 공동회를 해산시켰다.

광고

7 을사5적, 일제에 나라를 팔아먹다

이때는 말이야~

5-2 2. 사회의 새로운 변화와 오늘날의 우리
② 일제의 침략과 광복을 위한 노력

영국과 일본, 두 제국주의 국가가 동맹을 맺었지.

제1차 영·일 동맹 체결
1902

1904. 2.
러일 전쟁(~1905)

러일 전쟁 때 미국과 영국이 일본을 지원했다는군.

한일 의정서
1904. 2.

러일 전쟁에서 진 러시아가 일본이 대한 제국에 대한 보호권을 갖는 걸 인정했어.

1905. 9.
포츠머스 조약

강제로 맺어진
조약이라고 해서
'늑약'이라고 해.

을사늑약이
무효임을 세계에
알리겠다!

을사늑약 체결

1905. 11.

헤이그 특사 파견

1907. 6.

⊙ 헤이그 특사

1906. 2.
통감부 설치

을사늑약으로 일제가
한성에 통감부를 설치하고
조선을 감시했어.

1907. 7.
고종 강제 퇴위

⊙ 을사5적(이완용, 이근택, 권중현, 박제순, 이지용)

Hi-story

🗝 키워드

외교권

外 바깥 **외**

交 사귈 **교**

權 권세 **권**

주권을 가진 국가로서 다른 나라의 간섭을 받지 않고 외국과 교섭할 수 있는 권리를 말한다.

중립국: 다른 나라 사이의 전쟁에 끼어들거나 세력 다툼에서 어느 한쪽 편을 들지 않고 중립을 지키는 나라를 뜻한다.

나는 대한 제국을 세운 고종이란다. 오늘 나는 한 나라의 군주로서 나라를 지키지 못한 죄인으로 친구들 앞에 섰어.

지금부터 대한 제국이 일제에게 **외교권**을 빼앗긴 이야기를 들려 줄 거야. 내 잘못을 역사의 교훈으로 삼아 주길 바랄게.

나는 대한 제국을 선포한 뒤, 여러 나라와 외교 활동을 통해 자주적인 나라를 만들기 위해 노력했어. 하지만 대한 제국을 집어삼키려는 외국 세력의 위협은 점점 더 커졌어. 그러던 중 일본과 러시아 사이에 전쟁의 기운이 감돌았어. 나는 바로 **중립국**을 선언했고 곧이어 두 나라 간에 전쟁이 시작됐지. 그런데 일본은 우리 입장을 무시한 채 '한일 의정서'라는 외교 문서에 합의하라고 윽박질렀어.

> 전쟁 시 대한 제국 정부는 일본에게 충분한 편의를 제공하고, 일본군은 전략상 필요한 장소를 모두 이용할 수 있다.
>
> — 「한일 의정서」 4조

일제는 곧장 군사들을 끌고 와 대한 제국의 땅과 교통 시설을 제 것처럼 사용했어. 심지어 전쟁에 우리 백성들을 동원했지.

그나저나 전쟁에서 누가 이겼냐고? 모두의 예상을 깨고, 일본이 러시아를 이겼단다. 나는 물론, 온 세계가 정말 깜짝 놀랐어. 이 전쟁은 누가 봐도 일본이 이기기 힘든 전쟁이었거든.

이건 나중에 알게 된 사실인데, 러시아의 힘이 커지는 걸 견제하던 영국과 미국이 뒤에서 일본을 도왔대. 더 황당한 건, 일본의 승리가 확실해지자 일본이 대한 제국을 차지하는 것을 미국과 영국이 인정했다는 거야.

사실 일본이 대한 제국을 두고 미국, 영국과 비밀 거래를 했거든. 일본은 미국의 필리핀 지배를

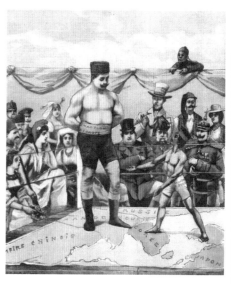

⊙ **러일 전쟁을 풍자한 그림:** 당시 세계 여러 나라는 일본이 러시아의 상대가 안 될 거라고 생각했다. 그림을 보면 덩치가 훨씬 큰 러시아가 여유만만하게 일본을 쳐다보고 있다. 하지만 예상을 깨고 일본이 러시아를 이겼다.

인정하고, 미국은 대한 제국을 일본의 보호국으로 만드는 것을 승인한다는 **가쓰라·태프트 조약**이 이루어졌어. 또 영국이 인도를 지배하고, 일본이 대한 제국을 지배하는 것을 서로 돕겠다는 **제2차 영·일 동맹**을 맺었다는 거야. 강대국들은 약한 나라를 서로 나눠 지배하기로 했다더군. 전쟁에서 진 러시아는 대한 제국에 대해 일본이 우월한 권리를 가진다고 인정하는 **포츠머스 조약**을 맺었어.

을사늑약

乙 둘째 천간 을

巳 여섯째 지지 사

勒 굴레 늑

約 맺을 약

1905년(을사년)에 일제의 위협으로 강제로 맺어진 조약이다. 일제는 을사늑약 체결 후 대한 제국의 외교권을 빼앗고 식민지를 만들기 위한 준비를 진행시켰다.

전권대사: 나라를 대표해 다른 나라에 파견되어 외교를 맡아보는 최고 직급이다.

어전 회의: 임금 앞에서 여러 신하들이 모여 나라의 큰일을 의논하는 회의를 말한다.

러시아를 한반도에서 쫓아낸 일제는 대놓고 대한 제국 침략에 대한 본색을 드러냈어. 1905년 11월, 일본 **전권대사 이토 히로부미**가 나를 찾아와 동양 평화를 유지하기 위한 일본 왕의 뜻이라며 문서에 서명하라더군.

> 앞으로 대한 제국은 일본을 통하지 않고는 어떤 조약이나 약속도 하지 않기로 한다.
>
> – 을사늑약 제2조

대한 제국의 외교권을 일본에 넘긴다고? 나는 끝까지 거부했지.

11월 17일, 일제는 군사들을 앞세워 경운궁(덕수궁)을 겹겹이 포위하더니, 대한 제국 대신들을 한 자리에 불러 놓고는 문서에 서명하라고 협박했어. 밖에서는 대포를 펑펑 쏘아대며 공포 분위기를 만들고 이토 히로부미 뒤에는 일본 헌병들이 총칼을 들고 살벌하게 대신들을 노려보고 있었지.

"당장 이 문서에 서명하시오. 만약 거절한다면……"

하지만 **어전 회의**에서도 조약을 받아들이지 않기로 결정하자 일제는 방법을 바꾸어 회유와 설득을 시작했어.

이토 히로부미

한규설

○ **을사5적:** 을사늑약에 찬성한 이완용, 이근택, 권중현, 박제순, 이지용(왼쪽부터)

나는 대한 제국의 대신들이 죽기를 각오하고 거부할 것이라고 굳게 믿었어. 그런데 이게 웬일이야. 8명의 대신들 중 한규설만 끝까지 저항하고, 이완용, 이근택, 권중현, 박제순, 이지용이 이 조약에 찬성했어. 특히 이완용은 아주 적극적으로 나섰다더군. 나라를 배반하고, **을사늑약**에 찬성한 이들을 **을사5적**이라고 해.

을사늑약이 체결된 후 이들은 일본으로부터 큰돈을 받아 챙겼고, 이후에도 일제에 협조하면서 대대손손 부귀 영화를 누리고 살았대.

1905년 11월 18일, 일제가 조약이 맺어졌음을 선언하자 각국 공사관들이 철수했어. 곧이어 조선에 **통감부**가 설치되고, 이토 히로부미가 첫 번째 통감이 되었지.

하지만 이 조약은 누가 봐도 무효야.

통감부: 을사늑약 이후 일제가 조선을 관리 감독하기 위해 한성(서울)에 설치한 관청이다.

첫째, 대한 제국 황제인 나의 최종 동의를 거치지 못했기 때문에 법적으로 효력이 없다.
둘째, 황제인 내 도장이 찍히지 않았고, 제목도 없었다.
셋째, 총칼로 위협해 강제적으로 맺은 조약이 국제적으로 인정받는다는 건 말이 안 된다.

백성들도 을사늑약이 맺어졌다는 사실을 알게 되었단다.

일제가 나라의 외교권을 빼앗았다는 소식이 퍼지자, 온 나라 백성들이 거리로 쏟아져 나와 조약을 거두라고 외쳤어. 을사늑약을 반대하는 관리들의 상소와 백성들의 항의가 줄을 잇고, 종로의 모든 상점들은 문을 닫아걸어 조약에 반대한다는 뜻을 표시했단다. 또, 어린 학생들도 학교에 가지 않고 거리에 나와 시위를 벌였어. 나라를 팔아먹은 을사5적을 죽이겠다는 '5적 암살단'이 조직되기도 했지.

어떤 사람들은 스스로 목숨을 끊어 을사늑약의 부당함을 알리려고 했어. 그 중 나의 외사촌으로 오랫동안 함께 나랏일을 해 왔던 **민영환**의 죽음은 정말 충격적이었어.

◉ **민영환**: 대한 제국의 대신으로 을사늑약에 반대해 죽음으로 항거했다.

> 나는 죽어도 죽지 않고 저승에서라도 사람들을 기꺼이 도울 것이니, 모두 마음을 하나로 모아 자유와 독립을 회복해 달라 ……
>
> – 민영환의 유서 중 일부

나는 민영환이 남긴 유서를 읽고 가슴이 아파 견딜 수가 없었단다.

나를 향한 일제의 감시는 철통 같았지만, 나는 이 억울한 일을 세계에 알리기로 결심했어. 그래서 일제의 감시를 피해 미국 등 여러 나라에 을사늑약이 강제로 맺어져 효력이 없다는 내용의 편지를 써서 전했어. 하지만 일본과 미리 약속한 바가 있던 강대국들은 대한 제국을 도우려 들지 않더군. 아, 나는 왜 그토록 강대국들을 믿었을까!

그 후 나에 대한 일본의 감시는 더욱 심해졌고, 나는 독 안의 든 쥐처럼 경운궁에 갇혀 아무도 못 만나고 아무것도 할 수 없는 처지가 되고 말았어.

전국에서는 이소응, 유인석, 최익현 등 양반 평민 가릴 것 없이 의병이 일어나 일제와 맞서 싸웠단다. 특히 평민 의병장 **신돌석**은 경상도와 강원도를 누비며 일본군들을 무찔러 '태백산 호랑이'라고 불렸어. 일본군은 신돌석이라는 이름만 들어도 간담이 서늘해졌대. 일제는 그를 잡는 데 혈안이 되어 있다는 소문을 들었지.

◎ 신돌석 장군의 생가(경상북도 영덕군): 신돌석 부대는 태백산맥 곳곳에서 일본군을 무찔렀다. 일본군은 동에 번쩍 서에 번쩍 하는 신돌석 부대를 무척 두려워했다.

대한 제국의 어려운 처지를 좀 들어 주시오.

러시아

미국

밀서: 몰래 보내는 편지나 문서를 말한다.

그러던 어느 날, 네덜란드 헤이그에서 **만국 평화 회의**가 열린다는 소식이 들려왔어. 세계의 평화에 관한 회의라고 하니 이번에야말로 우리의 억울한 사정을 세계에 널리 알릴 수 있는 절호의 기회라고 생각했어.

○ **헤이그 특사**(이준, 이상설, 이위종): 고종은 을사늑약이 자신의 의사와 상관없이 강제로 이루어져 무효라는 것을 국제 사회에 널리 알리기 위해 네덜란드 헤이그에 특사를 파견했다.

나는 곧 믿음직한 신하 이준에게 **밀서**를 주어 헤이그로 보내면서 이상설, 이위종과 동행하도록 했어. 이상설은 러시아와 중국에서 민족 운동을 벌이고 있었고, 이위종은 영어와 러시아어를 잘하는 대한 제국의 촉망 받는 청년이야.

"죽음을 각오하고 일제의 만행을 세계에 알리겠습니다."

이준은 비장한 각오를 품고 헤이그로 출발했어. 일이 잘 되면 대한 제국은 위기에서 벗어날 수 있겠지?

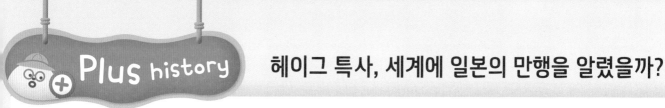

헤이그 특사, 세계에 일본의 만행을 알렸을까?

1907년 6월, 네덜란드 헤이그에 3명의 대한 제국 특사가 도착했어. 이준, 이상설, 이위종은 일본의 침략 행위를 고발하고, 을사늑약이 무효임을 세계에 알리기 위해 만국 평화 회의가 열리는 이곳까지 찾아 온 거야. 하지만 이들은 일본의 방해로 회의장에 발도 들여놓지 못했어.

결국 3명의 특사는 머물고 있는 호텔 현관에 태극기를 걸고 각국 기자들을 만나 대한 제국이 처한 상황과 일본의 불법 침략을 폭로했어. 하지만 그 어떤 나라도 대한 제국의 상황에 귀기울여 주지 않았어.

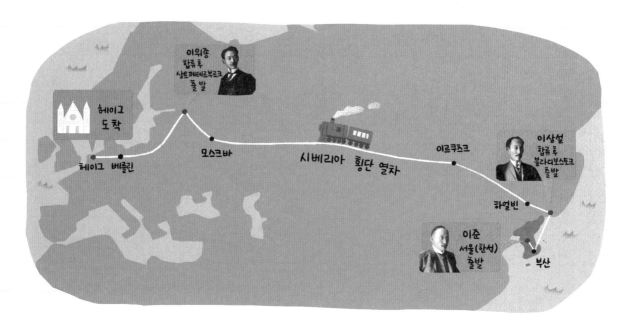

○ 헤이그 특사의 인터뷰가 실린 신문: 1907년 7월 5일, 프랑스 신문에 이상설의 인터뷰가 실려 있다.

○ 1907년 만국 평화 회의 장면: 세계 평화를 이루는 방법을 논의하기 위해 각국의 대표들이 모인 회의이다. 하지만 강대국들이 말하는 평화란 전쟁 없이 어떻게 식민지를 잘 나눠 갖는가 하는 것이었다.

history Point

1 친구들이 근대 국가로 발전하기 위한 대한 제국의 노력과 좌절에 대해 이야기하고 있어요. (　　) 안의 알맞은 말에 ○표 해 보세요.

러일 전쟁에서 승리한 (러시아, 일본)이/가 대한 제국에 대해 강력한 영향력을 가지게 되었어.

고종 황제의 강한 반대에도 불구하고 일제와 조선 사이에 (을사늑약, 조일 동맹)이 맺어졌어.

을사늑약 체결 당시 대한 제국 대신이었던 (이완용, 한규설)은 조약에 끝까지 반대했어.

2 대한 제국을 두고 일본이 미국, 영국, 러시아와 거래를 했어요. 관련 있는 것끼리 선으로 이어 보세요.

일본과 미국이 맺은 가쓰라 · 태프트 밀약	일본과 영국이 맺은 제2차 영일 동맹	일본과 러시아가 맺은 포츠머스 조약

러일 전쟁이 끝난 후 러시아는 대한 제국에 대한 일본의 우월적 권리를 인정하는 조약을 맺고, 대한 제국에서 철수했다.	미국이 필리핀을 차지하는 대신, 대한 제국을 일본의 보호국으로 만드는 것을 인정한다는 조약이 맺어졌다.	영국이 인도를 지배하고, 일본은 대한 제국을 지배하는 것을 서로 돕겠다는 약속이 맺어졌다.

3 다음 가로 세로 풀이를 읽고, 십자말 퍼즐을 풀며 대한 제국 시기에 있었던 일들을 정리해 보세요.

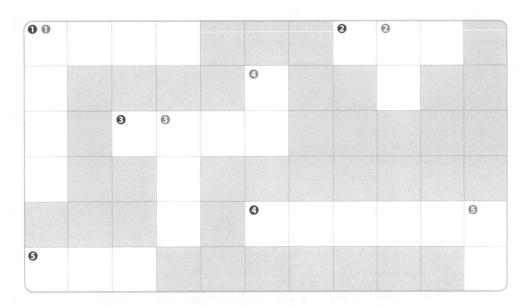

가로 풀이

❶ 1905년, 일제가 대한 제국의 외교권을 빼앗기 위해 강제로 맺은 조약.

❷ 을사늑약의 부당함에 항거하기 위해 자결한 사람.

❸ 고종이 러시아 공사관에서 돌아온 뒤 환구단에서 황제 즉위식을 갖고 새롭게 선포한 나라 이름.

❹ 고종이 을사늑약의 부당함을 세계에 널리 알리기 위해 특사를 보낸 세계 회의.

❺ 러일 전쟁 전 세계 여러 나라가 이길 것이라고 예상한 나라.

세로 풀이

❶ 을사늑약에 찬성한 5명의 대한 제국 대신을 이르는 말.

❷ 러일 전쟁 전에 일본이 대한 제국을 지배하고, ○○이/가 인도를 지배하기로 하고 동맹을 맺음.

❸ 을사늑약에 끝까지 반대한 대한 제국의 대신.

❹ ○○의 필리핀 지배를 인정하는 조건으로 일본이 대한 제국 지배를 인정받음.

❺ 을사늑약에 반대해 최익현, 신돌석 등이 일으킨 항일 활동.

1 다음은 러일 전쟁을 풍자한 그림이에요. 러시아 선수에 비해 일본 선수를 아주 작게 그렸네요. 전쟁 전 국제 여론을 생각하며 전쟁에 임하는 두 나라의 마음을 상상하여 써 보세요.

tip 러일 전쟁이 벌어질 당시 러시아는 세계적으로 막강한 해군력을 보유하고 있었어. 그래서 일본은 미국, 영국의 지원을 미리 약속 받았어.

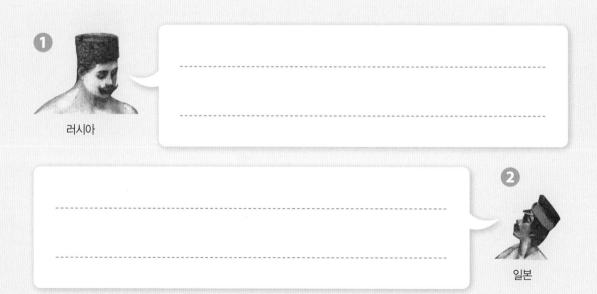

❶ 러시아

❷ 일본

2 을사늑약은 일제에 의해 강제로 맺어진 조약이에요. 그래서 늑약이라는 말을 붙였어요. 고종 입장에서 을사늑약이 무효인 까닭을 써 보세요.

tip 늑약이란 나라 사이에 강제로 맺은 조약을 말해.

을사늑약은 무효입니다. 그 까닭은 먼저 일제가 총칼로 위협해 강제로 맺었기 때문입니다. 그리고

---

3 다음은 대한 제국의 대표로서 을사늑약에 찬성한 '을사5적'이에요. 만약 여러분이 이들을 재판할 수 있다면 어떤 판결을 내릴지 판결문을 써 보세요.

tip 을사늑약은 대한 제국의 외교권을 빼앗긴 조약이야. 이 조약으로 조선의 처지가 어떻게 되었는지 생각해 봐.

나라와 민족을 배반하고 일제에 나라를 판 을사5적

이완용　이근택　권중현　박제순　이지용

1905년 11월, 을사5적은 일제가 대한 제국의 외교권을 박탈한다는 조약에 찬성했다. 이들은 조약에 찬성한 대가로 일본 쪽으로부터 귀족 작위를 받고, 많은 보상금도 받았다. 또한, 이들은 일제가 조선을 식민지로 삼은 이후에도 일본을 적극적으로 도우며 대대손손 부귀 영화를 누리며 살았다.

을사5적에 대해 판결하겠습니다!

4 고종은 을사조약이 부당하다는 것을 세계에 알리기 위해 수천 킬로미터가 떨어진 네덜란드 헤이그 특사를 파견했어요.

tip 헤이그 특사가 어떤 일을 하기 위해 세계 만국 평화 회의에 갔는지 생각해 봐.

① 헤이그 특사 3명이 누구누구인지 맞는 이름에 ○표 해 보세요.

| 이준 | 신돌석 | 이위종 | 홍범도 | 민영환 | 이상설 |

② 헤이그 특사는 일본의 방해로 회의장 안에 못 들어갔지만, 각국 기자들을 만났어요. 헤이그 특사가 되어 대한 제국이 처한 상황과 일본의 만행을 고발해 보세요.

8 나라를 지키려는 백성들의 피, 땀, 눈물

 이때는 말이야~

나라 빚을 갚아 일제의 간섭에서 벗어나자!

을사늑약 체결
1905. 11.

헤이그 특사 파견
1907. 6.

1907. 2.
국채 보상 운동 시작

세계 여러 나라에 을사늑약의 부당함을 알리겠어!

1907. 7.
고종 황제 강제 퇴위

대한 제국 의병 참모중장으로서
일본 침략의 앞잡이
이토 히로부미를 처단했소.

일제가
대한 제국의 국권을
강제로 빼앗았어!

대한 제국 군대 해산

1907. 8.

국권 피탈

1910

군인이 될 수 없다면
의병이 되어
일제와 싸우자!

1909. 10.

안중근 의거

키워드

퇴위

退 물러날 **퇴**

位 벼슬 **위**

임금의 자리에서 물러나는 것을 말한다. 일제는 고종 황제가 을사늑약의 부당함을 국제 사회에 알리기 위해 헤이그에 특사를 파견한 책임을 물어 강제 퇴위시켰다.

⊙ 고종(왼쪽)과 순종: 일제는 고종 대신 유약한 순종을 황제 자리에 올려 일본의 허수아비 노릇을 하게 했다.

양위식: 임금 자리를 물려주는 의식을 말한다.

동맹 휴학: 어떤 주장을 받아들여지게 하려고 학생들이 집단으로 한동안 학교를 쉬는 일을 말한다.

"우리 일본 몰래 헤이그에 밀사를 파견하다니. 당장 황제의 자리에서 물러나시오."

1907년 7월, 일본은 또다시 군사를 동원해 경운궁(덕수궁)을 에워싸고, 헤이그 특사 파견의 책임을 물으며 고종 황제에게 황제 자리에서 물러나라고 협박했다. 고종 황제가 밤새도록 버티자 친일 대신 송병준이 폭언도 서슴지 않았다.

결국 황위를 물려주어야 할 고종도, 물려받아야 할 순종도 없이 황제 **양위식**이 거행되었다.

'한 나라의 황제를 총칼로 위협해 자리에서 끌어내리다니.'

대한 제국의 군인인 수혁은 피가 거꾸로 솟는 것 같았다. 수혁뿐만 아니라, 대한 제국의 모든 백성들이 고종 황제 **퇴위** 소식에 크게 분노해 거리로 쏟아져 나왔다. 학생들은 **동맹 휴학**을 했고, 상점들도 일제히 문을 닫아걸고 일제에 항의했다. 놀란 일제는 한성(서울)을 비롯해 인천, 평양, 대구 등에 군대를 배치했다.

"오늘부터 대한 제국 군인들은 **해산**한다."

일제가 대한 제국의 군대를 강제 해산할 것을 결정했다. 곧이어 군인들을 훈련원으로 불러들이더니, 무기를 **반납**하고 집으로 돌아가라는 것이었다. 나라의 외교권을 빼앗고, 황제를 내쫓더니, 이제 군대까지 해산시키겠다는 것이다. 그때였다.

"박승환 대대장이 자결했다. 우리도 왜놈과 싸우다가 죽자!"

수혁을 비롯한 대한 제국 군인들은 무기고로 달려가 총을 거머쥐고 전투 태세를 갖추었다. 일본군이 총과 대포를 쏘아대며 진압하려 했지만, 대한 제국의 군인들은 물러서지 않았다. 대한 제국 군인들은 일본군과 총격전을 벌이며 거리로 쏟아져 나와 밤새도록 싸웠다.

"이대로 끝낼 수는 없다. 목숨이 붙어 있는 한 왜놈과 싸우자."

"더 이상 군인이 될 수 없다면, 의병이 되어 나라를 지키자!"

강제 해산된 군인들 중 일부는 의병에 합류했다. 정식 군사 훈련을 받은 군인들이 의병에 가담하자, 의병의 전투력은 크게 강해졌다.

⊕ **박승환:** 일제의 강제 해산 명령에 "군인이 나라를 지키지 못하고 신하가 충성을 다하지 못하면 만 번을 죽어도 아깝지 않다.'는 유서를 남기고 자결했다.

해산: 모였던 사람들이 따로따로 흩어지는 것을 말한다.

반납: 빌리거나 받은 것을 도로 돌려주는 것을 뜻한다.

⊙ **영국인 기자 매켄지가 찍은 의병 사진:** 다양한 연령대와 옷차림으로 보아 여러 계층의 사람들이 참여했음도 알 수 있다.

★ 참고 자료

한국의 독립 운동을 도왔던 외국인 기자 매켄지: 매켄지는 전쟁 상황을 보도하는 종군 기자였다. 의병들을 취재해 많은 기록을 남기고, 한국의 독립운동을 후원했다.

"너는 몇 살인데, 의병이 되었느냐?"

"15살입니다. 나라를 지키는 데 나이가 무슨 상관이에요?"

의병에 합류한 수혁은 어린 의병이 기특하면서도 안쓰러웠다.

일제에 맞서기 위해 어린 소년, 선비, 군인, 농민, 상인, 포수 등 각계 각층의 사람들이 의병에 합류했다. 직업도, 신분도, 나이도 제각각이었지만, 나라를 지키겠다는 마음은 모두 같았다.

전국적으로 의병의 기세는 드높아졌고, 전투력을 갖춘 의병들이 곳곳에서 일본군을 무찔러 성과를 올리고 있을 때였다. 저녁 어스름이 깔릴 무렵 눈이 파란 영국인 기자 하나가 수혁의 부대를 찾아왔다.

"정말 일본을 이길 수 있다고 생각하며 싸우는 것입니까?"

기자는 진지한 표정으로 정중하게 물었다.

"이기기 힘들다는 건 우리도 알고 있어요. 어쩌면 우리 모두 싸우다 죽을지도 모르지요. 하지만 일본의 노예가 되어 사는 것보다는 자유민으로 나라를 지키다가 죽는 것이 더 낫습니다."

"옳지, 옳아! 옳은 말이야."

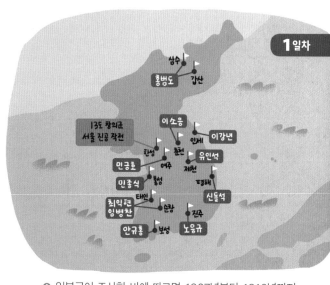

수혁이 대표로 나서서 말하자, 빙 둘러 서 있던 의병들이 모두 고개를 끄덕였다. 일제에 맞서 의로운 죽음을 각오한 의병들의 모습에 기자의 눈시울이 붉어졌다.

◎ 일본군이 조사한 바에 따르면 1907년부터 1910년까지 전투에 참가한 의병 수가 14만 명이 넘었다.

1909년, 죽기를 각오하고 싸우는 의병들이 두려웠던 일제는 대대적으로 의병 운동을 탄압했다. 그때 수혁은 의병 활동이 가장 활발했던 전라도 지역에서 여러 지역 의병들과 연합해 일본군을 기습 공격할 작전을 짜고 있었다. 그런데 일본을 감시하던 의병 하나가 헐레벌떡 달려와 다급하게 소식을 알렸다.

토벌: 무력으로 쳐 없애는 것을 말한다.

"지금 의병들을 모두 죽이겠다고 많은 일본군들이 몰려오고 있습니다."

일본군들이 몰려와 의병은 물론, 무기 한 번 들어 본 적도 없는 백성들까지 닥치는 대로 죽이고 잡아 가두었다. 무자비한 일제의 **토벌** 작전으로 수많은 의병과 백성들이 목숨을 잃었다.

◎ 홍범도: 함경도에서 의병장으로 활약하던 홍범도는 연해주로 건너가 일본군과 맞서 싸웠다.

간신히 목숨을 건진 수혁은 더 이상 국내에서는 싸움을 계속하기 어렵다고 판단해 연해주에 있는 **홍범도** 장군을 찾아 길을 떠났다.

국채 보상 운동

國	나라	국
債	빚	채
報	갚을	보
償	갚을	상
運	운전할	운
動	움직일	동

대한 제국이 일제에게 진 나라 빚 1300만 원을 백성들이 갚겠다고 나섰는데, 이것이 국채 보상 운동이다.

일제의 의병 대토벌 작전이 있기 전인 1907년, 『**대한매일신보**』의 기자인 수혁의 동생 민혁은 **국채 보상 운동**에 적극적으로 참여했다.

"일제가 대한 제국에 강제로 돈을 빌려주어 우리를 꼼짝 못하게 하려고 합니다. 백성들이 앞장서서 나라의 빚을 갚읍시다."

백성들은 먹고 살기도 힘들었지만, 남자들은 담배를 끊거나 먹을 것을 줄이고, 여자들은 반지, 비녀, 심지어 머리카락까지 팔아서 나라 빚을 갚는 데 참여했다.

대구에서 시작된 국채 보상 운동이 전국으로 퍼져나가자, 일제는 이 운동을 이끈 **양기탁** 등에게 돈을 빼돌렸다며 억울한 누명을 씌워 감옥에 가두었다. 하지만 민혁을 비롯한 대한 제국의 지식인들은 주저앉지 않았다.

"의병들이 총을 들고 싸우고 있으니, 우리는 펜을 들고 싸웁시다."

민혁과 뜻을 같이 하는 사람들은 민족의 실력을 키우는 일이 무엇보다 중요하다고 생각했다. 그래서 학교를 세워 어린이와 청소년을 가르치고, 신문과 잡지 등을 발행해 나라 안팎에서 일어나는 일을 사람들에게 알렸다.

◉ **양기탁:** 『대한매일신보』를 창간하고, 1907년에 서상돈 등과 함께 국채 보상 운동을 일으켰다.

특히 학교에서는 우리말과 글, 역사를 가르쳐 민족정신을 지키는 데 힘을 쏟았다.

"**주시경** 선생을 중심으로 한글 연구가 활발히 진행되고 있다지요?"

"**신채호** 선생은 역사를 잊은 민족에게 미래는 없다며 역사 연구에 힘쓰는데, 특히 이순신이나 을지문덕처럼 외적을 물리친 장수들의 이야기를 알리는 데 몰두하고 계시다는군요."

"나와 친구들은 『대한매일신보』를 통해서 일본의 침략 행위를 고발하고 의병들의 투쟁도 알리고 있습니다."

민혁은 『대한매일신보』에서 일하는 것에 큰 자부심을 가졌다. 시대가 어지럽고 나라가 위태로울수록 언론과 교육이 큰 역할을 해야 한다는 믿음을 갖고 있었기 때문이다. 하지만 시간이 갈수록 일제는 더욱 거세게 대한 제국 지식인들의 활동을 감시하고 탄압했다.

'일제의 탄압에 절대 굴하지 않을 거야. **안창호** 선생이 평양에 세운 **대성학교**에 가서 우리 민족의 미래인 청소년을 가르치는 일로 나라를 지키는 운동을 이어가겠어.'

민혁은 평양으로 떠나며 새로운 다짐을 했다.

⊙ **베델:** 베델은 1904년 양기탁과 함께 『대한매일신보』를 발행해 일본의 만행을 고발하고 조선의 독립 운동을 도왔다. "나는 죽더라도 신문을 계속 만들어서 한국 민족을 구하라."는 유언을 남겼다.

 **안중근, 이토 히로부미를 처단하다!**

조선 침략의 앞잡이였던 이토 히로부미

이토 히로부미는 조선 침략을 주도했던 대표적인 일본 정치가야. 1905년, 일본 정부의 특명을 받고 대한 제국에 와 고종을 위협해 을사늑약을 강요했어. 을사늑약 체결 이후 설치된 통감부의 초대 대표가 되어 우리 민족을 실질적으로 지배하기 시작했어. 그는 우리나라를 빼앗는 데 큰 역할을 했지. 1907년에는 헤이그 특사 파견을 구실로 삼아 고종을 강제로 물러나게 했어. 이토 히로부미는 그야말로 우리 민족의 원수였어.

그런 그가 북만주 지역을 시찰하고 러시아 재무 장관을 만나기 위해 하얼빈역으로 떠난다는군.

⊕ **이토 히로부미:** 일찍이 영국에 유학하여 선진 문물을 배우고 귀국하여 일본 근대화 과정에서 중요한 역할을 했다. 한편 조선을 일본의 식민지로 삼는 기초를 닦았다.

⊕ **통감부로 향하는 이토 히로부미:** 이토 히로부미는 보안법, 신문법 등을 만들어 우리 민족의 항일 운동을 막고, 대한 제국 군대를 해산시켰으며, 우리 민족을 강압적으로 통치했다.

민족의 원수 이토 히로부미를 처단한 안중근

"탕! 탕탕탕! 탕! 탕! 탕!"

1909년 10월 26일, 만주 하얼빈 역에 총성이 울려 퍼졌어. 대한 제국의 청년 안중근이 이토 히로부미를 처단했지. 현장에서 체포된 안중근은 만주의 뤼순 감옥에 갇혀 재판을 받게 되었어. 안중근은 한치의 흔들림도 없이 당당한 모습으로 이토 히로부미는 한국인의 권리를 박탈하고, 동양의 평화를 깨뜨린 죄인이므로 대한 제국의 의병 참모중장으로서 죽인 것이라고 말했어.

국내외 많은 변호사들이 안중근을 변호하려고 했지만 일제는 허락하지 않고 급하게 사형을 선고했어. 안중근의 마지막 유언은 자신을 고국에 묻어 달라는 것이었어. 하지만 일제는 그의 무덤이 항일 운동의 중심이 될 것을 염려해 안중근의 시신을 가족들에게 돌려주지 않았어. 100여 년이 지난 지금까지도 그의 유해를 찾지 못하고 있어.

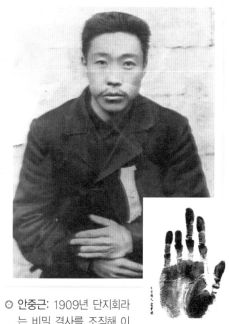

◉ 안중근: 1909년 단지회라는 비밀 결사를 조직해 이토 히로부미를 처단할 계획을 세웠다.

◉ 네 번째 손가락 한 마디가 잘린 손도장

◉ **안중근 의사의 의거 장면 기록화**(독립 기념관): 안중근이 쏜 총에 맞은 이토 히로부미를 그렸다. 안중근은 이토 히로부미에게 총을 쏜 다음 '코레아 우라(우리 말로 대한 만세)'라고 외친 후 체포되었다.

1 친구들이 대한 제국 시기에 있었던 역사적 사건을 이야기하고 있어요. (　　) 안의 알맞은 것에 ○표 하세요.

일제는 강제로 대한 제국의 황제를 (고종 , 순종)에서 (고종 , 순종)으로 바꾸었어.

대한 제국 백성들은 나라가 일본에 진 빚을 갚겠다며 (동학 농민 운동 , 국채 보상 운동)을 벌였어.

양기탁과 영국인 베델은 일본의 침략 행위를 고발하고, 의병 투쟁을 적극적으로 알리기 위해 (『독립신문』, 『대한매일신보』)을/를 발간했다.

2 다음은 '이 달의 독립 운동가'를 선정하기 위해 모은 자료입니다. 이 자료들과 관련 있는 사람은 누구일까요?

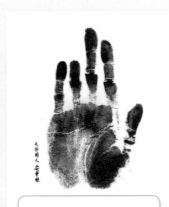

네 번째 손가락 한 마디가 잘린 손도장

일제 침략의 앞잡이인 이토 히로부미

비석이 없는 비어 있는 무덤

3 다음은 외국인 기자가 우리나라에 와서 목격한 것들을 취재한 파일이에요. 사건명을 쓰고, 빈칸에 알맞은 말을 쓰세요.

취재 파일 1 고종 황제 ( )

일제는 고종 황제가 제2차 만국 평화 회의가 열리는 네덜란드 [   ]에 특사를 파견한 것을 문제 삼아 황제 자리에서 몰아내고, 순종을 새로운 황제로 앉혔다. 남의 나라 황제도 마음대로 바꿀 정도로 일제의 무례함과 야욕이 커져간다. 아, 대한 제국의 운명은 어떻게 될 것인가!

취재 파일 2 대한 제국 ( )

일제가 대한 제국의 군대를 강제로 [   ]시키려고 하자, 대한 제국 군인들이 일제에 대항해 일어났다. 일본군과 대한 제국의 군인들이 격렬하게 총격전을 벌였다. 대한 제국 군인들은 이 전투에서 패했지만, 이들 중 많은 사람들이 [   ]에 합류했다.

취재 파일 3 일제의 ( ) 토벌 작전

대한 제국의 군인들이 의병에 합류하면서 의병은 전투력이 높아졌다. 전국적으로 활발한 의병 활동이 벌어져 일본을 위협하자, 일제는 [   ]을/를 벌여 일반 백성과 수많은 의병을 무참히 죽였어. 의병들은 연해주나 만주로 가서 의병 활동을 이어갔다.

1 이곳은 대한 제국 백성들이 나라가 일본에 진 빚을 갚겠다며 모금 활동을 벌이고 있는 곳입니다. 당시 백성이 되어 다음 질문에 답해 보세요.

tip 일제가 자신들의 식민 지배에 필요한 시설을 만들려고 대한 제국에 강제로 돈을 빌려 주었어.

1907년, 대구에서 김광제와 서상돈이 백성들의 성금으로 일본에게 진 나라 빚 갚자고 제안해 시작된 운동이다. 『대한매일신보』, 『황성신문』의 적극적인 후원으로 '국채(나라 빚) 1300만 원을 갚자'는 운동은 빠르게 전국으로 확산되었다. 당시 1300만 원은 대한 제국의 1년 예산에 맞먹는 어마어마한 금액이었다. 많은 백성들이 참여해서 3개월 만에 230만 원이라는 큰 돈을 모았다.

❶ 지금 참여하고 있는 이 운동의 이름은 무엇인가요? (   )

❷ 오늘 모금에 가져 나오신 건 무엇인가요?

----

❸ 왜 이런 모금 활동에 참여하시나요?

----

2 다음은 영국인 기자 매켄지가 대한 제국 의병들을 만나 인터뷰하고 찍은 사진이에요.
내가 당시 사진 속 의병이었다면 어떻게 대답했을지 써 보세요.

나는 의병들에게 물었다.

"일본과 싸우고 있는데 이길 수 있다고 생각하나요?"

인터뷰를 마친 영국인 기자 맥켄지는 기사를 쓰기 시작했다.

"한국인은 비겁하지도, 자기 운명에 무관심하지도 않았다. 한국인들은 애국심이 무엇인지 몸으로 보여 주고 있었다."

3 나라가 일제의 침략으로 위기에 처했을 때, 많은 사람들이 나라를 살리기 위해 노력했어요. 인물과 활동을 바르게 연결시켜 보세요.

tip 우리 민족이 나라를 살리기 위해 어떤 노력을 했는지 생각해 볼까?

①

홍범도

②

주시경

③

신채호

㉠ 우리 말과 한글을 연구하고 널리 알려 민족정신을 지켰다.

㉡ 우리 역사를 연구해서 우리 민족의 자긍심을 높이고 민족정신을 지켰다.

㉢ 만주와 연해주 지역에서 의병을 일으켜 일본군과 맞서 싸웠다.

4 만약 내가 일제의 침략으로 나라가 위기에 처한 시대에 살았다면 어떤 방식으로 나라를 구하는 일을 했을까요? 그 까닭은 무엇인지 자신의 생각을 써 보세요.

5 우리 민족의 원수인 이토 히로부미를 처단한 안중근은 그 자리에서 바로 체포되어 제대로 된 변호조차 받지 못하고 사형되었어요. 내가 변호사가 되어 안중근을 변호해 주세요.

tip 변호란 법정에서 검사의 공격으로부터 피고인의 입장을 옹호하는 것을 말해.

안중근 의사는 이토 히로부미를 처단한 후 뤼순 감옥에 옮겨졌는데 조선뿐 아니라 많은 나라에서 관심을 보였다. 조선을 비롯한 영국, 러시아 등 여러 나라 변호사들이 안중근 의사의 변호를 하겠다고 나섰지만 일제는 허락하지 않았다. 일제는 자신들이 정한 일본인 변호사를 두고 여섯 번의 재판 끝에 사형을 판결했다. 안중근은 두 동생에게 "내가 죽은 뒤에 이토 히로부미를 처단한 하얼빈 공원에 묻어 두었다가 나라가 주권을 되찾으면 고국에 묻어 달라."는 유언을 남기고 세상을 떠났다.

안중근은 옳은 일을 했습니다. 왜냐하면

✿ 독립 협회는 우리 민족의 자주독립 의식을 높이기 위해 청나라 사신을 맞이하던 영은문을 헐고 독립문을 세우기로 했어요. 서재필이 구상하고, 러시아 건축가 사바틴이 설계를 맡았어요.

1897년 11월 20일, 드디어 프랑스 파리의 개선문을 닮은 서울 독립문이 완공되었어요. 여러분이 당시 건축가라면. 어떤 형태의 독립문을 만들 것인지 상상해 보고, 그림으로 그려 보세요.

▶ 정답은 〈가이드북〉 14쪽에 있어요.

출처

사진

쪽	항목	출처
16쪽	흥선 대원군	서울 역사 박물관
17쪽	경복궁	위키피디아
20쪽	척화비	국립 중앙 박물관
29쪽	보빙사	위키피디아
31쪽	운요호	위키피디아
40쪽	최익현	문화재청
44쪽	김옥균	위키피디아
47쪽	우정총국을 복원한 모습	공공누리
54쪽	민영익	위키피디아
61쪽	전봉준	위키피디아
63쪽	사발통문	e뮤지엄
	김개남	위키피디아
64쪽	장태	e뮤지엄
69쪽	풍도 해전 기록화	위키피디아
81쪽	옥호루	위키피디아
83쪽	명성 황후를 시해한 일본인들	위키피디아
95쪽	서울 독립문	문화재청
	독립신문	위키피디아
96쪽	서재필	위키피디아
98쪽	서울 독립문	서울 역사 아카이브
99쪽	환구단	위키피디아
104쪽	고종	위키피디아
111쪽	헤이그 특사	위키피디아
115쪽	이완용, 이근택, 권중현, 박제순, 이지용	위키피디아
117쪽	민영환	위키피디아
118쪽	신돌석 장군 생가	문화재청
119쪽	제2차 만국 평화 회의	위키피디아
127쪽	안중근	위키피디아
128쪽	고종과 순종	위키피디아
129쪽	박승환	위키피디아
130쪽	의병	위키피디아
131쪽	홍범도	위키피디아
134쪽	이토 히로부미	위키피디아
	통감부로 향하는 이토 히로부미	위키피디아
135쪽	안중근의 의거 장면	독립 기념관
	단지 손도장	안중근 숭모회
140쪽	주시경, 신채호	위키피디아
141쪽	유언을 남기는 안중근	국가 보훈처

앗!

본책의 가이드북을 분실하셨나요?
길벗스쿨 홈페이지에 들어오시면
내려받으실 수 있습니다.

기적의
역사 논술

가이드북

4권

학부모 가이드 & 해답 활용법

history **Point** 문제의 경우에만 정답을 확인하시고 정오답을 체크해 주십시오.

Talk history 논술형 문제에 해당하는 모범 답안은 참고만 하셔도 됩니다.

역사적 사실을 서술하는 문제의 경우는 방향을 맞게 잡고 서술하고 있는지만 확인해 봐 주시고, 아이들의 다양한 생각 표현이 모범답과 다르다고 하여 틀렸다고 결론내지 마십시오. 문제를 해결하고 의사를 결정하는 데 있어 아이 나름대로 근거가 있고, 타당한 대답이라면 정답으로 인정합니다. 이치에 맞지 않은 답을 한 경우에만 수정하고 정정할 기회를 주시기 바랍니다. 탐구하는 과정에 집중해 주세요.

다소 엉뚱하지만 창의적이고,
기발하면서 논리적인 대답에는 폭풍 칭찬을 잊지 마세요!

부디 너그럽고 논리적인 역사 논술 가이드가 되길 희망합니다.

1 흥선 대원군, 개혁을 추진하다

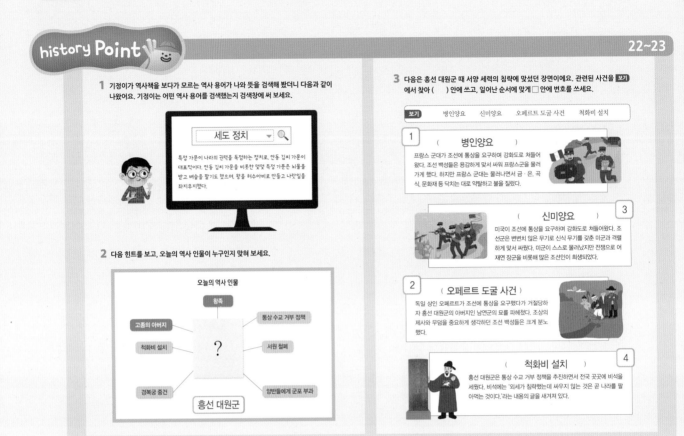

1 기정이가 역사책을 보다가 모르는 역사 용어가 나와 뜻을 검색해 봤더니 다음과 같이 나왔어요. 기정이는 어떤 역사 용어를 검색했는지 검색창에 써 보세요.

세도 정치

특정 가문이 나라의 권력을 독점하는 정치로, 안동 김씨 가문이 대표적이다. 안동 김씨 가문을 비롯한 몇몇 특정 가문은 뇌물을 받고 벼슬을 팔기도 했으며, 왕을 허수아비로 만들고 나랏일을 좌지우지했다.

2 다음 힌트를 보고, 오늘의 역사 인물이 누구인지 맞혀 보세요.

오늘의 역사 인물

왕족 / 고종의 아버지 / 통상 수교 거부 정책 / 척화비 설치 / 서원 철폐 / 경복궁 중건 / 양반들에게 군포 부과

? → 흥선 대원군

3 다음은 흥선 대원군 때 서양 세력의 침략에 맞섰던 장면이에요. 관련된 사건을 [보기]에서 찾아 ( ) 안에 쓰고, 일어난 순서에 맞게 ☐ 안에 번호를 쓰세요.

보기   병인양요   신미양요   오페르트 도굴 사건   척화비 설치

1 (병인양요)
프랑스 군대가 조선에 통상을 요구하며 강화도로 쳐들어왔다. 조선 백성들은 용감하게 맞서 싸워 프랑스군을 물러가게 했다. 하지만 프랑스 군대는 물러나면서 금·은, 곡식, 문화재 등 닥치는 대로 약탈하고 불을 질렀다.

3 (신미양요)
미국이 조선에 통상을 요구하며 강화도로 쳐들어왔다. 조선은 변변치 않은 무기로 신식 무기를 갖춘 미군과 격렬하게 맞서 싸웠다. 미군이 스스로 물러났지만 전쟁으로 어재연 장군을 비롯한 많은 조선인이 희생되었다.

2 (오페르트 도굴 사건)
독일 상인 오페르트가 조선에 통상을 요구했다가 거절당하자 흥선 대원군의 아버지인 남연군의 묘를 파헤쳤다. 조상의 제사와 무덤을 중요하게 생각하던 조선 백성들은 크게 분노했다.

4 (척화비 설치)
흥선 대원군은 통상 수교 거부 정책을 추진하면서 전국 곳곳에 비석을 세웠다. 비석에는 '외세가 침략했는데 싸우지 않는 것은 곧 나라를 팔아먹는 것이다.'라는 내용의 글을 새겨져 있다.

1

2 ⓔ 임금님을 허수아비로 만들고 몇몇 세도 가문들이 나랏일을 좌지우지하고 있으니 나라가 발전할 수가 없지. / 세도 가문들이 높은 관직을 차지하고 백성들을 괴롭히고 있으니 살 수가 없어. / 세금을 너무 많이 내야 해서 힘들어.

3 ❶ ⓔ 흥선 대원군이 양반에게도 세금을 걷고 백성들을 위한 정치를 펼치니까 신나고 통쾌했을 것이다.
　　❷ ⓔ 흥선 대원군이 양반들의 특권을 없애고 세금도 걷으니까 반발했을 것이다.

4 ⓔ 흥선 대원군이 경복궁을 고쳐 짓기 위해 농사철에도 백성들을 공사에 동원하고, 온갖 세금을 물어 백성들을 살기 어렵게 하고 있어서 흥선 대원군을 원망하는 마음이 커.

5 ⓔ 서양 세력들에게 나라 문을 열어 주어서는 절대 안 됩니다. 병인양요와 신미양요 때도 외세가 조선에 함부로 쳐들어와 수많은 사람을 죽였습니다. 또, 남연군의 무덤을 파헤치는 야만적인 행동도 했습니다. 서양 세력에게 문을 열어 준다면, 틀림없이 조선은 큰 위험에 빠질 것입니다.

ⓔ 나라 문을 열고 서양의 발전된 문물을 받아들여야 합니다. 일본은 서양에 나라 문을 열고, 근대 문화를 받아들여 발전하고 있습니다. 조선만 과거에 얽매여 산다면, 나중에 큰 위험에 처할 것입니다.

1 세도 정치 기간 동안 조선 백성들은 큰 고통을 당했습니다. 안동 김씨를 비롯한 몇몇 세도 가문들은 돈을 받고 벼슬을 팔았고, 그렇게 관리가 된 탐관오리들은 백성들을 괴롭혔습니다. 특히 전정, 군정, 환곡의 문란으로 조선의 백성들은 힘든 삶을 살았습니다. 살기가 힘들어 고향을 떠나거나 도적이 되는 백성들도 많았습니다.

2 세도 정치 때 살기 힘들어진 백성들은 스스로 노비가 되거나 도망가 도적이 되기도 했습니다.

3 흥선 대원군은 정권을 잡자마자 안동 김씨를 조정에서 몰아내고 백성들을 위한 정책을 펼쳤습니다. 그래서 백성들에게 큰 인기를 얻었지만, 양반들은 크게 반발했습니다. 특히 양반들에게 군포를 걷고, 서원을 없애 양반들이 누리던 특권을 빼앗아서 양반들의 원성을 샀습니다.

4 흥선 대원군은 왕실의 위엄을 높이기 위해 임진왜란 때 불탄 경복궁을 고쳐 지었습니다. 하지만 궁궐 짓는 돈을 마련하기 위해 백성들에게 온갖 세금을 거두고, 원납전과 당백전 등을 만들어 사회를 혼란에 빠트렸습니다. 또한 농사철에도 백성들을 공사에 동원시켜 백성들의 원성을 샀습니다.

5 서양 세력은 조선 해안가에 때때로 나타나 총과 대포를 쏘면서 조선과의 통상을 요구했습니다. 그 과정에서 약탈을 일삼고, 조선 백성들을 죽이거나 포로로 잡아가기도 했습니다. 이에 흥선 대원군은 서양 세력과 교류할 수 없다며 나라 문을 굳게 닫아 걸었습니다. 반면 이웃 나라 일본은 서양 문물을 받아들여 발전하고 있었습니다.

2 일본과 맺은 불평등한 강화도 조약

history Point

1 지수는 부모님과 함께 현장 체험 학습을 가려고 자료를 모으고 있어요. 다음 사진과 관련 있는 역사적 사건이 무엇인지 **보기** 에서 찾아 써 보세요.

보기   강화도 조약   신미양요   병인양요   을사늑약

○ 운요호   ○ 열무당

강화도 조약

2 다음은 역사 보드 게임에 쓰는 카드인데 제목 부분이 가려져 있네요. 설명을 보고, 알맞은 단어를 써 보세요.

수신사 ★★	영선사 ★	별기군 ★★★
강화도 조약 이후, 선진 문물을 도입하기 위해 조선이 일본에 김기수 등을 중심으로 파견한 사절단.	청나라에서 신식 무기 제조법과 군사 훈련을 배워 온 조선 사절단.	고종이 개화 정책을 펼치면서 만든 조선의 신식 군대.

3 다음은 강화도 조약을 맺게 된 과정을 정리한 거예요. 빈칸에 들어갈 알맞은 말을 써 보세요.

일본 군함 운요호 이/가 강화도 초지진 앞바다에 나타났어요. 조선군이 경고의 뜻으로 대포를 쏘았지요. 운요호는 돌아가지 않고, 영종도에 상륙해서 조선 사람들을 마구 죽이고, 불을 지르는 만행을 저질렀어요.

일본이 운요호 사건에 대해 책임지라고 조선을 협박했어요. 일본은 강화도 에서 회담을 하자고 제안했어요. 고종은 조정 대신들을 불러 회의를 열었어요. 대신들은 일본과 통상 을/를 해야 한다는 의견과 하지 말아야 한다는 의견으로 나뉘었어요. 고민 끝에 고종은 조선 대표 관리를 뽑아 강화도로 보냈지요.

회담이 열리자, 일본 관리들은 미리 준비한 문서를 조선 관리들에게 내 놓으며 조약 을/를 맺고 압박했어요. 조선은 일본과 근대적인 조약을 맺고, 부산, 원산, 인천 세 개 항구를 열었어요.

3

1 ① 예 기계로 무한정 찍어 낼 수 있습니다. / 비쌉니다.

　 ② 예 땅에서 나는 것으로 무한정 생산할 수 없습니다. / 헐값에 팔립니다.

2 예 일본인들이 개항지에서 아무리 나쁜 죄를 지어도 조선 정부가 처벌하지 못하게 하려는 뜻이 숨어 있다. / 조선 정부
의 사법권을 배제하고 있다.

3 ④ 예 일본으로 쌀이 너무 많이 팔려 나가, 조선에 쌀이 부족해지고 쌀값이 크게 올랐다. / 조선의 가난한 백성들은 쌀
을 살 수조차 없어 굶주림에 시달려야 했다.

4 신문 제목 예 구식 군인들의 분노가 폭발하다. / 임오군란이 일어나다.

　 구식 군인 인터뷰 예 구식 군대에게는 13개월 동안 월급도 제대로 주지 않으면서 신식 군대인 별기군에게는 특별 대우
를 해 주었어요. / 차별 대우로 화가 나 있었는데, 13개월 만에 월급으로 나온 쌀에 겨와 모래가 잔
뜩 섞여 있어서 구식 군대가 폭발한 것이지요.

해설

1 최익현은 개항을 반대하던 대표적인 인물입니다. 강화
도 조약에 대한 논의가 진행되자 일본은 서양 세력과 다
름없다면서 조약 체결에 반대하는 상소문을 올렸습니
다. 일본이 팔려는 물건은 지나치게 사치한 공산품, 즉
기계로 찍어 내는 물건이지만 조선에서 생산하는 물건
은 주로 땅에서 기른 농산물이라서 두 나라가 교역한다
면 조선에 불리하다고 주장했습니다.

2 당시 조선은 국제 사회에서 통하고 있는 법이나 조약에
대해 철저하게 준비하지 못했습니다. 더군다나 일본이
침략의 의도는 교묘하게 숨긴 채 무력을 앞세워 협박하
는 상황 속에서 조약을 맺었기 때문에 조선에게 불리한
조약일 수밖에 없었습니다.

3 일본 상인들은 조선의 쌀을 헐값에 사다가 일본에 팔아
서 막대한 이익을 챙겼습니다. 쌀 수출로 부자가 된 건
일본 상인들이었지 조선 농민들이 아니었습니다. 오히
려 조선에서는 쌀 부족으로 쌀값이 치솟는 바람에, 가난
한 사람들은 쌀을 살 수조차 없어 일본에 대한 원망과
반감이 높아졌습니다.

4 강화도 조약을 맺은 후 수출로 많은 쌀이 일본으로 빠져
나가자 조선에서는 쌀이 부족해졌습니다. 구식 군대는
월급조차 제대로 받지 못하고 있었는데, 13개월 만에 월
급으로 나온 식량에 겨와 모래가 잔뜩 섞여 있었습니다.
신식 군대에게만 특별 대우를 하고, 부정부패를 일삼는
명성 황후와 그의 친척들에게 분노한 구식 군대가 반란
을 일으켰습니다.

3 3일 천하로 끝난 갑신정변

1 조선의 개화를 주장하는 세력은 개화 방법과 방향에 따라 두 파로 나뉘었어요. 다음 빈칸에 알맞은 세력을 써 보세요.

중상주의 실학자

개화파

온건 개화파	급진 개화파
김홍집, 김윤식 등	김옥균, 박영효 등

2 다음 인물과 관련 있는 것끼리 선으로 이어 보세요.

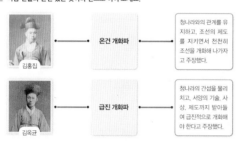

김홍집 — **온건 개화파** — 청나라와의 관계를 유지하고, 조선의 제도를 지키면서 천천히 조선을 개화해 나가자고 주장했다.

김옥균 — **급진 개화파** — 청나라의 간섭을 물리치고, 서양의 기술, 사상, 제도까지 받아들여 급진적으로 개화해야 한다고 주장했다.

3 다음은 '갑신정변 사건 일지'입니다. 빈칸에 알맞은 말을 써 보세요.

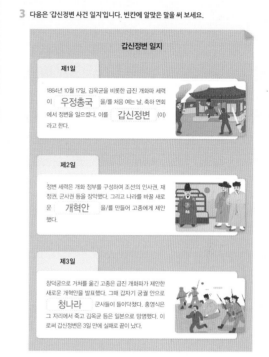

갑신정변 일지

제1일

1884년 10월 17일, 김옥균을 비롯한 급진 개화파 세력이 **우정총국** 을/를 처음 여는 날, 축하 연회에서 정변을 일으켰다. 이를 **갑신정변** (이)라고 한다.

제2일

정변 세력은 개화 정부를 구성하여 조선의 인사권, 재정권, 군사권 등을 장악했다. 그리고 나라를 바꿀 새로운 **개혁안** 을/를 만들어 고종에게 제안했다.

제3일

창덕궁으로 거처를 옮긴 고종은 급진 개화파가 제안한 새로운 개혁안을 발표했다. 그때 갑자기 궁궐 안으로 **청나라** 군사들이 들이닥쳤다. 홍영식은 그 자리에서 죽고 김옥균 등은 일본으로 망명했다. 이로써 갑신정변은 3일 만에 실패로 끝이 났다.

1 (예) 온건 개화파, 여러 나라가 조선을 차지하려고 욕심을 내고 있다. 이럴 때일수록 청나라와 관계를 유지하면서 우리 것을 지키고 발전을 도모해야 한다.

　(예) 급진 개화파, 조선은 청나라의 영향을 지나치게 많이 받고 있다. 조선이 발전하려면 청나라의 간섭과 영향에서 벗어나 하루빨리 서양의 문물과 제도를 받아들여야 한다.

2 ❶ (예) 우리가 가진 힘만으로는 정변을 성공시킬 수 없다. 청나라와 싸우려면, 일본의 군사적 도움이 필요하다.

　❷ (예) 이번 기회에 청나라를 조선에서 몰아내고, 일본이 조선 조정을 장악하는 거야.

3 (예) ①, 조선 정치에 사사건건 간섭하는 청나라와의 관계를 끊어야 나라가 발전할 수 있다고 생각한다. / ②, 출신 상관 없이 능력 있는 사람을 관리로 등용해야 나라가 발전할 수 있다. / ③, 나라의 세금을 제대로 걷어 백성을 위한 정치를 한다면 나라가 발전할 수 있을 것이다. / ④, 부정한 관리들을 찾아내 처벌하고, 백성들이 빚진 쌀을 면제해 주면 백성들의 삶이 편안해질 것이고, 나라도 안정될 것이다.

4 (예) 개혁을 하려고 하면서 남의 나라 힘에 의존하는 것은 잘못이야. / 일본을 너무 믿은 것이 잘못이었어. / 백성들에게 충분히 이해를 구하지 못해 실패한 거야.

1 개항 이후 개화파는 조선의 개화 방법과 속도를 두고 서로 의견이 달랐습니다. 청나라와의 관계를 유지하면서 서양의 기술을 받아들여 점진적으로 개화하자는 온건 개화파와 청나라의 간섭을 물리치고 서양의 기술, 사상, 제도까지 받아들여 하루빨리 개화하자는 급진 개화파로 나뉘었습니다.

2 일본은 갑신정변을 기회로 청나라를 몰아내고 조선에 대한 영향력을 확대하고자 급진 개혁파를 도와주겠다고 한 것입니다. 김옥균은 일본을 믿고서 거사를 일으켰다가, 명성 황후의 요청으로 청나라 군대가 들어와 청나라군과 일본군 사이에 전투가 벌어졌습니다. 이때 일본군이 갑자기 철수하는 바람에 갑신정변은 실패로 끝났습니다.

3 청나라의 간섭에 휘둘려 아무것도 못하는 조선 조정이 답답했던 급진 개화파는 나라와 백성을 위해 정변을 일으켰습니다. 정권을 장악한 급진 개화파는 14개 조항으로 이루어진 개혁안을 고종에게 제안했습니다. 청나라의 간섭에서 벗어나고 문벌을 없애 평등한 세상을 만들려는 의지를 담아 개혁안을 만들었습니다.

4 급진 개화파는 빠르게 조선을 개화한다는 명분으로 정변을 일으켰지만, 개화에 대한 충분한 사회적 분위기가 무르익지 않은 상황에서 급진적으로 단행되었습니다. 그리고 무엇보다 조선을 집어 삼키려는 야욕을 가진 일본의 군사력에 의지했던 것도 갑신정변이 실패한 큰 이유 중 하나입니다.

4 동학 농민군이 바란 세상

history Point

1 다음은 동학 농민 운동과 관련된 설명이에요. 설명에 알맞은 역사 용어를 퍼즐에서 찾아 ◯로 묶어 주세요.

❶ 동학 농민군을 이끌고 고부 관아를 습격한 동학 농민군 지도자 **전봉준**

❷ 1차 동학 농민 운동 때 농민군이 관군을 가장 크게 이긴 전투 **황토현 전투**

❸ 2차 동학 농민 운동 때 농민군이 관군과 일본군에게 가장 크게 패한 전투 **우금치 전투**

신	전	손	김	우	최	청
돌	봉	화	개	금	시	일
석	준	중	남	치	형	전
고	황	토	현	전	투	쟁
부	조	병	갑	투	의	병

2 누리집에서 동학 농민 운동 때 농민군이 썼던 이 무기에 대해 검색했더니 나온 사진이에요. 검색어가 무엇이었는지 써 보세요.

장태

3 다음은 동학 농민 운동을 영화로 만들기 위해 주요 사건을 정리해 놓은 것이에요. 필름 속에 있는 장면을 보면서 빈칸에 알맞은 말을 써 보세요.

 # 장면1 고부 군수, 백성을 괴롭히다
전라도 고부 군수인 조병갑은 온갖 부정을 저지르며 농민을 수탈하고 죄를 씌워 마음대로 벌했어요. 이에 **전봉준** 은/는 농민군을 이끌고 고부 관아를 공격했어요.

 # 장면2 전봉준, 동학 농민 운동을 이끌다
사태를 수습하기 위해 정부에서 보낸 관리가 농민군에게만 책임을 돌렸어요. 전봉준과 농민군은 다시 일어나 전라도 일대를 차지하고 전라도의 심장이라고 할 수 있는 **전주성** 을/를 점령했어요.

 # 장면3 동학 농민군, 집강소를 설치해 운영하다
다급해진 조선 정부는 청나라에 군대를 요청했어요. 곧이어 일본도 군대를 파견했어요. 동학 농민군은 조선 조정과 화약을 맺고 농민군은 각자 고향으로 돌아가 **집강소** 을/를 열어 개혁을 실시했어요.

 # 장면4 동학 농민군, 다시 일어서다
조선에서 청나라와 일본이 전쟁을 일으키자, 농민군이 다시 일어났어요. 2차 농민 봉기의 목표는 일본을 몰아내는 것이었어요. 동학 농민군은 일본군에 맞서 치열하게 싸웠지만 **우금치** 전투에서 크게 패했어요.

1 예 먹을 식량도 부족한데, 탐관오리의 횡포로 온갖 괴롭힘까지 당하고 있으니, 너무 괴롭고 힘드네요. 정부에서 탐관오리를 조사해야 한다는 생각이 드네요.

2 ❶ 예 이름을 쓴 순서를 알 수 없게 해 누가 동학 농민 운동의 주도자인지 알 수 없게 한 것이다.

 ❷ 예 백성을 괴롭히는 탐관오리들을 혼내 주고, 농민들이 사람답게 살 수 있는 세상을 만들기 위하여 우리 모두 일어
서자!

3 예 외세의 간섭을 받지 않고, 백성들 모두가 평등하고 편안하게 사는 세상이다.

4 예 청나라 군대가 조선에 들어오자 일본도 조선에 군대를 보내 두 나라 군대가 조선에 주둔하게 되었다. / 두 나라에게
군대를 물릴 것을 요청했으나 일본과 청나라가 충돌해 조선 땅에서 청일 전쟁이 일어나게 되었다.

5 예 백성들은 동학 농민 운동을 이끌었던 전봉준을 그리워하는 마음으로 노래를 불렀다. / 백성들은 사람답게 살 수 있
는 새 세상을 꿈꾸며 노래를 불렀다.

해설

1 당시 권력을 장악한 관리들은 뇌물을 받고 벼슬을 팔았고, 돈을 주고 관리가 된 자들은 백성들에게 온갖 구실을 붙여 백성들의 땅과 재산을 빼앗고, 공사에 동원했습니다. 백성들은 탐관오리의 수탈에 지칠대로 지쳤습니다.

2 '통문'은 조선 시대에 개인이나 단체가 사실, 주장 등을 담아 다른 사람들에게 보이며 뜻을 모으는 수단이었습니다. 통문에는 자신의 이름을 써 넣어 동의를 표시해야 하는데, 순서대로 이름을 적을 경우 주동자를 쉽게 알 수 있기 때문에 주동자를 알 수 없게 하려고 사발을 이용해 원 모양으로 둥글게 이름을 적었습니다.

3 동학 농민군의 개혁안에는 탐관오리 처벌, 토지의 평등한 분배, 신분 제도의 개혁 등에 대한 내용이 포함되어 있습니다. 조선의 농민들은 외세의 침략으로부터 나라를 지키고, 탐관오리를 벌해 사람답게 살 수 있는 세상을 꿈꾸며 봉기를 일으켰습니다.

4 고종이 청나라 군대를 불러들이자, 일본도 군사를 이끌고 조선에 상륙했습니다. 청나라와 일본은 조선 땅에서 조선을 차지하려는 전쟁을 벌였고, 이 때문에 우리 백성들은 큰 희생을 치러야 했습니다. 또한, 청일 전쟁에서 승리한 일본이 본격적으로 조선의 정치에 간섭하기 시작했습니다.

5 동학 농민 운동을 이끌었던 전봉준을 잊지 않고, 그의 정신을 기억하는 노래라고 전해집니다.

history Point

1 나는 외교적인 노력으로 조선에 대한 일본의 간섭을 막으려고 했던 인물이에요. 다음 힌트를 보고 내가 누구인지 맞혀 보세요.

남편
고종

시아버지
흥선 대원군

사회적 위치
조선의 왕비

관련 사건
을미사변

명성 황후

2 다음 ( ) 안에 알맞은 나라를 [보기]에서 찾아 쓰세요.

[보기]　　러시아　일본　미국　프랑스　독일

❶ 명성 황후는 (러시아) 세력을 끌어들여 일본의 간섭을 막으려고 했다.

❷ (일본)은/는 경복궁에 침입해 명성 황후를 시해하는 만행을 저질렀다.

❸ 명성 왕후가 시해된 후 고종은 (러시아) 공사관으로 몸을 피했다.

3 다음은 조선 말에 있었던 사건을 카드 뉴스로 만든 것이에요. 빈칸에 알맞은 말을 써 보세요.

❶ 명성 황후가 　일본　 을/를 견제하기 위해 러시아와 손잡기로 했다는 소식입니다. 조선에서의 영향력이 약해질까 봐 　일본　 이/가 전전긍긍하고 있다는군요.

❷ 칼을 찬 일본인들이 경복궁을 습격해 　명성 황후　 을/를 무참히 시해했습니다. 이 사건을 　을미사변　 (이)라고 합니다. 일본은 자신들이 한 일이 아니라고 딱 잡아뗐지만, 수많은 목격자들의 증언이 잇따르고 있습니다.

❸ 고종이 일본의 감시를 피해 궁녀의 가마를 타고 　러시아 공사관　 (으)로 거처를 옮겼다고 합니다. 을미사변 이후, 불안에 떨던 고종은 러시아의 도움을 받고자 피신한 것으로 보입니다.

Talk history

1 [예] 러시아의 힘이 일본보다 센가보군, 러시아를 끌어들여 조선의 정치에 일일이 간섭하는 일본을 견제해야겠어.

2 [예] 명성 황후 때문에 조선에서 일본의 세력이 약해질까 봐 두려웠기 때문이다.

3 [예] 겉으로는 조선 사람들의 건강과 위생에 이롭기 때문이라고 했지만 실제로는 우리 민족의 정신을 없애려고 단발령을 실시한 것이다.

4 [예] 일본은 한 나라의 황후를 처참히 죽이는 극악무도한 일을 저질렀다. 그리고 이제는 상투를 잘라 조선의 민족정신까지 없애려 하고 있다. 우리가 일본을 이 땅에서 물리쳐 나라를 지키자!

5 [예] 지우, 러시아 공사관으로 가면, 러시아에게 휘둘릴 게 뻔하잖아. 러시아도 조선을 집어삼키려고 하는 건 일본과 다르지 않은데. 한 나라의 임금이라면 목숨을 걸고 나라를 살릴 방법을 고민하는 게 맞지 않을까? / 시윤, 가만히 있다가 일본에게 당하는 것보다 일단 몸을 피하는 게 낫다고 생각해. / 소미, 일단 러시아 공사관으로 피신한 다음, 일본에 대항할 만한 힘을 키우는 것이 현명하다고 생각해.

6 [예] 조선의 자원이 외국으로 모두 빠져나가 나라까지 잃게 될 것입니다. 세계 열강이 조선을 집어삼키려고 욕심을 내고 있는 지금, 우리 것을 지켜 나라를 위기에서 구해야 합니다.

1 러시아는 겨울에도 얼지 않는 항구를 얻기 위해 조선을 탐내고 있었습니다. 그런데 조선에서 일본의 세력이 점점 커지자 이를 막기 위해 프랑스와 독일을 끌어들여 삼국 간섭을 통해 일본의 힘을 꺾은 것입니다. 명성 황후는 이 모습을 지켜보면서 러시아를 이용해 일본의 간섭에서 벗어나야겠다고 생각했습니다.

2 명성 황후가 러시아와 친하게 지내자, 조선에서 세력을 잃을 것은 두려워 한 일본이 명성 황후를 시해하는 끔찍한 일을 저질렀습니다.

3 우리 조상들은 신체와 머리카락은 부모로부터 물려받은 것으로, 이것은 우리의 몸이자 정신이라고 생각했습니다. 그래서 조선 백성들은 일제가 우리 정부를 앞세워 단발령을 실시하는 것은 우리 민족의 정신을 훼손시키려는 목적이라고 생각해 크게 반발했습니다.

4 을미사변으로 일제에 대한 분노가 높아져 있던 때에 단발령을 강제로 실시하자 백성들의 분노가 폭발했습니다. 의병 운동이 일어나 전국적으로 퍼져나갔습니다.

5 을미사변 이후, 조선 정부는 친일 인사로 채워졌고, 일본 군사들이 경복궁을 장악하고 있어 고종은 아무 것도 할 수가 없었습니다. 고종은 일본의 감시가 소홀해진 틈을 타서 러시아 공사관으로 피신해 지냈습니다. 그러자 조선의 신하와 백성들은 임금이 궁궐로 돌아와야 한다고 고종에게 상소를 올렸습니다.

6 여러 강대국들은 조선에서 수많은 이권을 넘겨 받았습니다. 특히 일본은 을미사변으로 조선 정부를 장악한 뒤, 러시아는 아관파천 이후 고종에게 압력을 가해 수많은 이권을 챙겼습니다. 이로 인해 조선은 더욱 위태로워졌습니다.

6 독립신문, 한 장에 한 푼이오!

1 다음 힌트를 보고, 내가 누구인지 맞혀 보세요.

미국 / 의사 / 만민 공동회 / 급진 개화파 / 「독립신문」 / 독립 협회 / 필립 제이슨 / 갑신정변

서재필

2 러시아 공사관에서 경운궁으로 돌아온 고종은 큰 결심을 했어요. 어떤 일들을 했는지 빈칸에 알맞은 말을 써 보세요.

① 고종은 __환구단__ 에서 새로운 나라를 선포했어요.

② 나라 이름을 __대한 제국__ (이)라 하고 __황제__ 즉위식을 가졌어요.

3 서재필이 미국에서 조선으로 돌아와 어떤 일들을 했나요? 다음을 보고 빈칸에 알맞은 말을 써 보세요.

① 조선에 돌아온 서재필은 먼저 우리나라 최초의 민간 신문인 __독립신문__ 을/를 창간해 나라의 정책과 여러 나라에 관한 소식을 실었다. 한문을 모르는 백성들을 위해 __순 한글__ (으)로 만들었고, 외국인들을 위해 영문판도 만들었다.

② 서재필은 신문 창간에 이어 정부 관리와 이상재, 윤치호 같은 개화파 인사들과 함께 __독립 협회__ 을/를 설립했다. 이 단체에서는 나라의 자주독립을 이루자는 목표로 활동했다.

③ 서재필은 청나라의 간섭으로부터 벗어나 자주독립을 이루어야 한다고 생각했다. 그래서 청나라 사신을 맞이했던 문인 __영은문__ 을/를 헐고 그 자리에 독립을 상징하는 __독립문__ 을/를 세웠다.

④ 서재필은 독립 협회를 중심으로 백성들이 나라의 일에 참여할 수 있는 길을 열어 주었다. __만민 공동회__ (이)라는 토론회를 열어 나라의 정책과 이권을 빼앗아가는 러시아를 비판하기도 했다.

1 ① 독립신문

② [예] 한문을 모르는 일반 백성들도 쉽게 신문을 읽을 수 있도록 하기 위해서이다.

③ [예] 조선의 사정을 세계 여러 나라에 적극적으로 알리기 위해서이다.

2 [예] 러시아가 남의 나라 땅을 함부로 차지해 자기 멋대로 사용하겠다는 것은 우리나라를 무시하는 행동입니다. 한번 우리의 땅을 내 주면, 그 다음에는 더 큰 것을 빼앗길지도 모릅니다. 세계 열강이 조선을 탐내고 있는 이때, 우리 백성들이 나서서 우리나라와 우리 땅을 지켜 내야 합니다.

3 ① [해설참고] 전화, 서양식 건물, 전기, 전차, 신식 학교와 신식 교육, 서양식 옷차림, 가로등

② 큰 소리를 내며 달리는 전차가 신기하기도 하면서도 무서웠어. 하지만 빨리 이동할 수 있어서 자주 이용해.

4 특종 [예] 황국 협회가 만민 공동회를 습격하다

사설 [예] 황제 폐하, 독립 협회와 만민 공동회를 해산시킨다는 명령을 거두어 주세요. 우리 백성들은 독립 협회 활동을 통해 대한 제국이 세계 열강들의 침략 때문에 위태로워졌다는 것도 알게 되었고, 나라를 지켜야겠다는 의지도 다지게 되었습니다. 백성들이 힘을 모아 나라를 지킬 수 있도록 해 주십시오.

광고 [예] 반짝반짝 신식 구두, 세련된 대한 제국 사람이라면 할인할 때 신식 구두 한 켤레씩 장만하세요.

[해설]

1 서재필은 백성들을 계몽시키는 일이 중요하다고 생각해 우리나라 최초의 민간 신문인 『독립신문』을 창간했습니다. 『독립신문』은 순한글로 되어 있어 백성들이 쉽게 읽을 수 있었고, 영문판도 발행해 조선의 사정을 외국에 알리는 데도 기여했습니다. 또한, 백성들은 『독립신문』에 자신의 의견을 실어 서로의 생각을 나누면서 의식이 자라났다.

2 독립 협회가 주최하는 만민 공동회는 조선 백성들의 정치 참여를 가능하게 만들었습니다. 우리 역사상 최초의 시민 대회인 만민 공동회가 거듭될수록 국민들의 자발적인 참여가 늘어났고, 자연스럽게 독립 협회는 정부와 열강이 무시할 수 없는 단체로 성장해 갔습니다. 정부와 러시아는 만민 공동회에서 뜨거워진 백성들의 주장에 굴복해 절영도를 러시아에게 빌려 준다는 것을 취소할 수밖에 없었습니다.

3 개항 이후 조선은 근대 문물을 받아들이기 시작했습니다. 고종은 대한 제국을 선포한 후 여러 가지 근대적인 개혁을 실시했습니다. 학교와 여러 가지 근대 시설을 만들고, 기차, 전차, 전화 등을 설치했습니다.

[예]

4 처음에는 고종도 독립 협회 활동을 적극적으로 지원했습니다. 하지만 독립 협회의 영향력이 커지자 부담을 느꼈습니다. 그런데다가 독립 협회가 여러 정치 개혁안을 주장하자 황제의 자리를 위협받는다고 생각해 독립 협회를 해산시키기로 했습니다. 보부상으로 구성된 황국 협회가 독립 협회의 활동을 방해했고, 독립 협회가 이에 항의하자 고종은 독립 협회와 만민 공동회를 해산시켰습니다.

7 을사5적, 일제에 나라를 팔아먹다

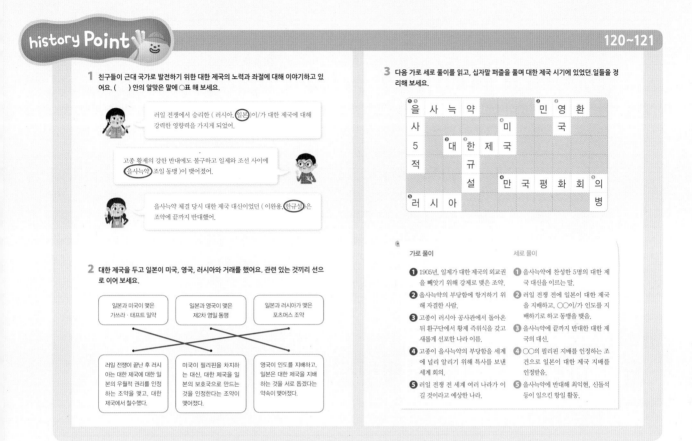

history Point

1 친구들이 근대 국가로 발전하기 위한 대한 제국의 노력과 좌절에 대해 이야기하고 있어요. ( ) 안의 알맞은 말에 ○표 해 보세요.

러일 전쟁에서 승리한 (러시아, **일본**)이/가 대한 제국에 대해 강력한 영향력을 가지게 되었어.

고종 황제의 강한 반대에도 불구하고 일제와 조선 사이에 (**을사늑약**, 조일 동맹)이 맺어졌어.

을사늑약 체결 당시 대한 제국 대신이었던 (이완용, **한규설**)은 조약에 끝까지 반대했어.

2 대한 제국을 두고 일본이 미국, 영국, 러시아와 거래를 했어요. 관련 있는 것끼리 선으로 이어 보세요.

일본과 미국이 맺은 가쓰라·태프트 밀약	일본과 영국이 맺은 제차 영일 동맹	일본과 러시아가 맺은 포츠머스 조약

러일 전쟁이 끝난 후 러시아는 대한 제국에 대한 일본의 우월적 권리를 인정하는 조약을 맺고, 대한 제국에서 철수했다.	미국이 필리핀을 차지하는 대신, 대한 제국을 일본의 보호국으로 만드는 것을 인정한다는 조약이 맺어졌다.	영국이 인도를 지배하고, 일본이 대한 제국을 지배하는 것을 서로 돕겠다는 약속이 맺어졌다.

3 다음 가로 세로 풀이를 읽고, 십자말 퍼즐을 풀며 대한 제국 시기에 있었던 일들을 정리해 보세요.

을	사	늑	약			민	영	환
사				미			국	
5		대	한	제	국			
적			규					
		설	만	국	평	화	회	의
러	시	아						병

가로 풀이

❶ 1905년, 일제가 대한 제국의 외교권을 빼앗기 위해 강제로 맺은 조약.

❷ 을사늑약의 부당함에 항거하기 위해 자결한 사람.

❸ 고종이 러시아 공사관에서 돌아온 뒤 환구단에서 황제 즉위식을 갖고 새롭게 선포한 나라 이름.

❹ 고종이 을사늑약의 부당함을 세계에 널리 알리기 위해 특사를 보낸 세계 회의.

❺ 러일 전쟁 전 세계 여러 나라가 이길 것이라고 예상한 나라.

세로 풀이

❶ 을사늑약에 찬성한 5명의 대한 제국 대신을 이르는 말.

❷ 러일 전쟁 전에 일본이 대한 제국을 지배하고, ○○이/가 인도를 지배하기로 하고 동맹을 맺음.

❸ 을사늑약에 끝까지 반대한 대한 제국의 대신.

❹ ○○의 필리핀 지배를 인정하는 조건으로 일본이 대한 제국 지배를 인정받음.

❺ 을사늑약에 반대해 최익현, 신돌석 등이 일으킨 항일 활동.

Talk history

1 ❶ 예 얼지 않는 항구를 얻으려면 대한 제국을 반드시 차지해야 해. / 일본쯤은 간단하게 이길 수 있을 것 같은데.

❷ 예 대한 제국을 차지하는 데 걸림돌이 되는 러시아를 없애야 하는데, 너무 강하군. / 혼자서는 못 당하겠어.

2 예 황제인 나의 도장이 찍혀 있지 않습니다. / 나라와 나라 사이에 맺는 조약인데 제목이 없습니다. / 강압적인 분위기에서 이루어졌습니다.

3 예 을사5적은 일제가 나라의 외교권을 빼앗는 데 찬성함으로써 나라를 팔아먹은 것과 다름없기 때문에 전 재산을 몰수하고, 평생 봉사 활동을 함으로써 민족에게 사죄할 것을 판결합니다.

4 ❶ 이준, 이위종, 이상설

❷ 예 1905년, 일제가 군사를 동원해서 총칼로 위협해 대한 제국의 외교권을 강제로 빼앗았습니다. 이것은 명백히 불법적인 조약임에도 불구하고, 일제는 대한 제국의 황제를 궁궐에 가두고 나랏일에 간섭하고 있습니다. 세계 여러 나라가 대한 제국을 도와 자주적인 독립을 이룰 수 있도록 도와주십시오.

1 제시된 그림은 1904년 프랑스 신문에 실린 풍자 그림입니다. 그림을 살펴보면 일찌감치 경쟁에서 진 청나라가 경기장 밖에서 구경하고 있고, 미국, 영국, 프랑스, 독일 등이 관중으로 이 싸움을 구경하고 있습니다. 러시아와 일본의 전쟁에서 대부분 나라들이 러시아가 이길 거라고 생각했다는 것을 그림을 통해 알 수 있습니다.

2 을사늑약 문서에는 고종 황제의 도장이 찍혀 있지 않습니다. 제목도 없고 나중에 을사년에 맺은 것이라는 뜻에서 '을사늑약'이라 불립니다. 나라와 나라 간에 협의에 의해 맺어진 것이 아니라, 일제가 총칼로 위협한 가운데 강압적으로 이루어진 것이므로 국제적인 조약으로 인정받을 수 없습니다. 일제는 고종이 인정하건 말건, 대한 제국의 외교권을 빼앗고, 통감부를 설치해 나랏일에 간섭했습니다.

3 을사5적은 을사늑약을 체결하는 데 찬성함으로써, 일본이 우리나라를 식민지로 삼는 첫걸음이 되었습니다. 을사5적은 자신들의 이익을 챙기기 위해 나라와 민족을 팔아먹고 대대로 특권을 누렸습니다. 한일 병합 이후에도 일제에 적극 협조했는데, 이완용은 일본으로부터 90억 원의 돈을 받았습니다.

4 헤이그 특사는 고종이 을사늑약과 일제 침략의 부당성을 세계에 알리고 대한 제국의 국권 회복을 이루고자 네덜란드 헤이그에 파견한 특사입니다. 세 명의 헤이그 특사는 일본의 방해로 만국 평화 회의장에 들어가지도 못했습니다. 하지만 포기하지 않고, 숙소인 호텔에 태극기를 걸고 세계 각국의 기자들을 만나 대한 제국이 겪은 억울한 일을 호소했습니다. 하지만 강대국들은 작은 나라, 대한 제국에 관심을 가져주지 않았습니다. 강대국들은 힘이 없고 작은 나라들을 서로 나눠 지배하는 데 관심이 있었을 뿐입니다.

8 나라를 지키려는 백성들의 피, 땀, 눈물

history Point

1 친구들이 대한 제국 시기에 있었던 역사적 사건을 이야기하고 있어요. ( ) 안의 알맞은 것에 ○표 하세요.

> 일제는 강제로 대한 제국의 황제를 (고종 · 순종)에서 (고종 · 순종)으로 바꾸었어.

> 대한 제국 백성들은 나라가 일본에 진 빚을 갚겠다며 (동학 농민 운동 · 국채 보상 운동)을 벌였어.

> 양기탁과 영국인 베델은 일본의 침략 행위를 고발하고, 의병 투쟁을 적극적으로 알리기 위해 (『독립신문』 · 『대한매일신보』)을/를 발간했다.

2 다음은 '이 달의 독립 운동가'를 선정하기 위해 모은 자료입니다. 이 자료들과 관련 있는 사람은 누구일까요?

네 번째 손가락 한 마디가 잘린 손도장

일제 침략의 앞잡이인 이토 히로부미

비석이 없는 비어 있는 무덤

안중근

3 다음은 외국인 기자가 우리나라에 와서 목격한 것들을 취재한 파일이에요. 사건명을 쓰고, 빈칸에 알맞은 말을 쓰세요.

취재 파일 1 고종 황제 (강제 퇴위)

일제는 고종 황제가 제2차 만국 평화 회의가 열리는 네덜란드 헤이그 에 특사를 파견한 것을 문제 삼아 황제 자리에서 몰아내고, 순종을 새로운 황제로 앉혔다. 남의 나라 황제도 마음대로 바꿀 정도로 일제의 무례함과 야욕이 커져간다. 아, 대한 제국의 운명은 어떻게 될 것인가!

취재 파일 2 대한 제국 (군대 해산)

일제가 대한 제국의 군대를 강제로 해산 시키려고 하자, 대한 제국 군인들이 일제에 대항해 일어났다. 일본군과 대한 제국의 군인들이 격렬하게 총격전을 벌였다. 대한 제국 군인들은 이 전투에서 패했지만, 이들 중 많은 사람들이 의병 에 합류했다.

취재 파일 3 일제의 (의병) 토벌 작전

대한 제국의 군인들이 의병에 합류하면서 의병은 전투력이 높아졌다. 전국적으로 활발한 의병 활동이 벌어져 일본을 위협하자, 일제는 의병 토벌 작전 을/를 벌여 일반 백성과 수많은 의병을 무참히 죽였어. 의병들은 연해주나 만주로 가서 의병 활동을 이어갔다.

1　❶ 국채 보상 운동

　　❷ 예 돈, 반지, 그릇 등

　　❸ 예 우리나라가 일본에 진 빚을 갚지 못하면, 일제가 우리나라를 지배하려고 들지도 모르잖아요. / 우리가 조금 힘들
　　　　어도, 백성들이 힘을 합쳐 일본에 진 빚을 갚아 나라를 지켜야죠.

2　예 비록 우리의 전투력은 약하지만, 일제를 무찌르겠다는 의지만은 높습니다. 목숨을 걸고 싸우면 어떤 적이든 물리칠
　　수 있습니다. 죽는 한이 있더라도 나라를 빼앗긴 백성으로 살지 않을 것입니다.

3　❶ – ㉢

　　❷ – ㉤

　　❸ – ㉡

4　예 나는 학교를 세우고 아이들을 가르치는 일을 할 것이다. 아이들은 나라의 미래이다. 아이들이 배워 깨우치지 못하면
　　나라의 미래는 없는 것이다.

5　예 안중근 의사는 개인적으로 이토 히로부미를 죽인 것이 아니라, 대한 제국의 군인으로서 적을 죽인 것입니다. 대한
　　제국을 침략하는 데 앞장선 이토 히로부미를 죽이지 않았다면 대한 제국뿐만 아니라 아시아 전체가 전쟁터가 되었
　　을지도 모릅니다. 안중근은 군인으로서 옳은 일을 한 것입니다.

해설

1　일제는 을사늑약 체결 이후 우리 땅에 철도와 도로를 놓고, 교육 제도를 개선시킨다면서 자기네 돈을 강제로 빌려 쓰게 했습니다. 일제는 우리 예산으로 침략에 유리한 시설을 건설하고, 또 빚으로 조선을 꼼짝 못하게 하기 위해서 이런 전략을 쓴 것입니다. 이런 상황을 알게 된 백성들은 담배를 끊고 비녀, 반지, 머리카락을 팔아 나라 빚을 갚고자 했습니다.

2　고종 황제의 강제 퇴위로 대한 제국의 백성들은 나라의 독립을 지키겠다는 뚜렷한 목표를 가지고 의병 투쟁을 벌였습니다. 의병 중에는 가난한 농민 출신 의병도 많았습니다. 이들은 죽을망정 일본의 노예로 살지 않겠다는 굳은 의지로 목숨 걸고 일본과 싸웠습니다.

3~4　일제의 침략으로 나라가 위기에 빠지자 많은 지식

인과 독립운동가들이 여러 방법으로 나라를 지키는 일에 목숨을 바쳤습니다. 의병 활동을 벌이고, 나라의 말과 글을 지키고, 우리 역사를 연구해 민족정신을 지키는 일을 하기도 했습니다. 또한, 학교를 설립해 아이들을 가르치고 언론 활동을 통해 일제 침략의 부당성을 고발하기도 했습니다.

5　안중근은 대한 제국을 식민지로 만드는 일에 앞장선 이토 히로부미를 처단하기로 결심하고 실행에 옮겼습니다. 안중근은 대한 제국의 의병으로 적을 죽인 것이지만, 일제는 그것을 인정하지 않았습니다. 일제는 이 일이 독립운동과 연결될까 봐 안중근을 단순한 살인범으로 몰아 제대로 된 재판도 없이 6개월 만에 사형시켰습니다.

76~77쪽

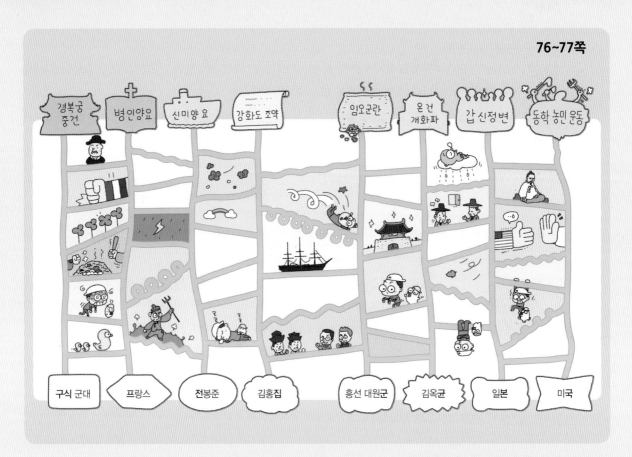

경복궁 중건 | 병인양요 | 신미양요 | 강화도 조약 | 임오군란 | 온건 개화파 | 갑신정변 | 동학 농민 운동

구식 군대 | 프랑스 | 전봉준 | 김홍집 | 흥선 대원군 | 김옥균 | 일본 | 미국

142~143쪽

MEMO

MEMO

기적의 학습서
오늘도 한 뼘 자랐습니다